弘兼流 70歳からの 楽しいヨレヨレ人生

史

リベラル文庫

まえがき　今や働き盛りの70代

団塊の世代がついに古希を迎えました。

弘兼憲史《ひろかねけんし》も２０１７年９月で70歳になりました。

〝人生七十古来稀《まれ》なり〟

杜甫《とほ》（中国盛唐の詩人）の時代には70歳まで生きる人は稀だったのでしょうね。ところが今や70歳で世を去ると夭逝《ようせい》と言われます。

〝四十五十洟垂《はなた》れ小僧、六十七十働き盛り、九十になって迎えが来たら、百まで待てと追い返せ〟なんていう実業家、渋沢栄一《しぶさわえいいち》氏（１８４０〜１９３１年）の言葉もありますが、日本人は本当に長生きするようになりました。私は今も精力的に働いておりますが、70歳を過ぎてこれからが働き盛りだということなんですね。

今は定年退職する年齢が60歳から65歳となっていますが、今後は70歳くらいまで延長されるかもしれません。人間というのは不思議なもので、現役で働いている人のほうが、定年退職でのんびり暮らしている人より若くてエネルギッシュです。

一方、悠々自適の生活を送っているはずの人が、見た目も考え方も老け込んでしまうのは何故でしょうか。

過剰なストレスはいけませんが、適度なストレスがあるほうが頭はしっかりします。何の苦労も心配もなくボーっと生きているほうがボケがくるのが早いとも言われています。

楽しいことも辛いことも、嬉しいことも悲しいことも適度に混ざっているほうが、人生は面白い。その辛いこと悲しいことを考え方ひとつで〝それもまた楽し〟の気持ちに変えるのが本書です。ヨレヨレになっても、その現状を受け入れて、いかに楽しく生きるのかを考えるのがこの本のテーマです。

まず、他人と比較するのはやめにしましょう。誰かと比較するときは自分より良い環境にいる人と比較してしまいがちです。そして羨ましい感情を抱き、憎しみを持ったりします。

そんなとき、比較の対象を自分より大変な環境にいる人たちに置き換えてみましょう。戦火に追われる人たち、飢餓《きが》と闘っている人たち、国の事情で自由を奪われている人たちと比べたら、自分はなんと幸せなのだと気付くはずです。不平不満を口にしていた自分を恥ずかしく思うでしょう。

人は人、自分は自分。幸せの尺度は社会通念が決めているのではなく、自分が決めるものです。

次に今までの常識をくつがえしてみましょう。老後を豊かに暮らすことが本当に楽しいのか。ひとりで老後を過ごすことは不幸なのか。人間にプライドは必要なのか。家族団欒《だんらん》はいいことなのか。頭のいい人が幸せになれるのか。個人の権利が優先される社会っていいことなのか。世界トップレベルの長寿国ということは喜んでいいことなのか。

諸々の常識を自分の中で一度咀嚼《そしゃく》して〝俺流〟の常識を作ってみるのも楽しいのではないでしょうか。

人間は我慢するために生きているのではありません。楽しく生きることを考えているのは全生物の中でも人間とイルカくらいのものです。楽しく生きることは人間の特権でもあるのです。

楽しく生きるには、ひと言で言うなら「好かれる人（老人）」になることです。そのためにはむやみに不平不満を言わないこと。現状をすべて受け入れて動じない人間になること。社会のお荷物にならないよう自立すること。他人のせいにしないこと等々いろいろあると思います。詳しくはこのあと本書で述べます。

弘兼流楽しく生きるコツ、共感いただける人がいるなら幸甚です。

弘兼憲史

目　次

第2章　好かれる老人、嫌われる老人

第3章　これぞ楽な人付き合い

第4章　身軽になって自立する

第5章　死ぬまで元気でPPK《ピンピンコロリ》

第6章　弘兼流。これが楽しく生きるコツ

装丁画　弘兼憲史

第1章

長寿の国の現実

自分で命のスイッチを切る。そんな時代がやってくる！

●トップレベルの長寿国、日本

世界保健機関（ＷＨＯ）の調査によると、２０１５年の日本人の平均寿命は女性が86・８歳、男性が80・５歳という数値となっています。女性は世界トップ、男性はスイス、アイスランド、オーストラリア、スウェーデン、イスラエルに続いて、イタリアと同じ世界6位となりましたが、世界トップレベルの長寿国であることに変わりはありません。

日本は世界に先駆けて、人類がまだ経験したことのない超高齢社会を迎えました。総務省の統計では、２０１６年の日本の総人口約１億２７００万人。そのうち、高齢者と分類される65歳以上の人口は約３４６０万人で、すでに４人に１人を上回っています。そして、あと20年以内には、３人に１人が高齢者という国になります。

収入がなく生きている人が３分の１になると、誰がこの人たちを養うのでしょうか。国家経営をどうするのか想像もつきません。世界全体で考えると若年層が圧倒的に多いので、実現はまだ相当先になるかもしれませんが、グローバルな枠組みで若い国が老人の国を支えるという時代がくるのかもしれません。

●ＰＰＫ（ピンピンコロリ）と死にたい

しかし、そのスキームもいずれは崩れます。皮肉なことに医学が発達すると、ガンやＨＩＶ等難病が根治できる時代がきます。今、「ゲノム編集」という、思い通りに遺伝子を組み替える空前の技術が話題になっています。この遺伝子操作が確立されれば、人類は寿命を数十年延ばすことも可能だと言われています。

人類は生まれて必ず死ぬというプログラムの基に生きているのに、そこに科学の力でメスを入れるということは、もはや神の領域にまで踏み込んだと言っても過言ではありません。

さらにそこに、急速に発展を遂げているＡＩ（人工知能）の技術が入り込む50年１００年先の世界はどうなっていくのか想像もつきません。

もしかしたら安楽死も認められて、人類は自分で死ぬ時期を管理する時代が来るのかもしれませんね。おそらくそうなる前に私は死ぬと思いますが、〝いかに死んでみせるか〟を考えることも必要だと思います。

私の場合、理想的な死に方はＰＰＫ、執筆中に突っ伏して絶命することですが、基本は病院ではなく在宅死がいいと思っています。

日本人は今、80パーセントが病院死と言われていますが、我々団塊の世代がバタバタと死んでいく２０３０年頃に、いずれ死んでいく老人が病院のベッドを占領するということになれば大問題です。

病院のベッドは、そこで治療して社会に復帰していく人のためにあるもので、高齢者の棺《ひつぎ》ではありません。

●安心して在宅死を選ぶために

我々の世代から、社会に迷惑をかけないようにするためにも在宅死を選ばなければならないと思います。現実的に半数以上は家族と同居していない独居老人ですから、在宅医の数を増やさなければならないでしょう。

多くの方は、ガンや脳梗塞などで入院し、その後、継続的な自宅療養をすることになります。その際に、在宅医を探すケースが多いと思います。

ここでの注意点は、退院してから在宅医を探すのではなく、退院する前にできるだけ早く病院に相談しておくということでしょう。

病院の相談室に行くと、通常、「医療ソーシャルワーカー」がいます。彼らは、患者さんやそのご家族の経済的、心理的な相談を聞き、解決に至るまでの援助をしてくれます。医療制度を専門にしており、介護福祉士やケアマネージャーと連携して、患者さんやそのご家族の不安を取り除いてくれます。

一方で在宅医を見つけることが困難ということも聞きますが、若い開業医の方には在宅医療をしてくれる方が増えているとも聞きます。

我々は、社会にも家族にも迷惑をできるだけかけないよう、在宅医を探しておくといいのかもしれません。

●在宅医療を専門とした〝準医師〟を作る

ここでひとつの提案があります。

国としては、従来のような難関の医師国家試験を通過しなくても、在宅治療に特化した準医師を作ることが喫緊の課題なのではないでしょうか。

現在は、医師になるには、とりあえずひと通りの病気に対応できるよう、すべてのジャンルを学びます。

そして国家試験を受け、インターンをして、それぞれの専門分野へ進みます。だから、最低6年の期間が必要となります。

しかし、要介護者と在宅治療をする高齢者が増える中で、そんな悠長なことで間に合うのでしょうか。本当に在宅医療の医師に産婦人科や外科の知識が必要なのでしょうか。

ここは、医学部を卒業しなくても、もっとハードルの低い医学専門学校のようなものを作って、多くの〝準医師〞を作るべきだと考えます。救急隊員がある程度の医学的な処置を許されているように、在宅医療に限って、準医学行為が許される人材を多く作るべきです。

もちろん、そこで手に負えない（?）病状が発症すれば、そのとき初めて〝本当の医師〞に連絡するなり、現状の状況をパソコンで医師に送るなりして、対応すればいいのではないでしょうか。

もちろん問題点は、ヤマのようにあると思いますが、とりあえず走り出して、その都度改正していくというやり方で進めなければ状況は変わりません。

もはや、〝待ったなし〟の現実を突きつけられているのですから。

変わりつつある老人像

●私は〝飄々《ひょうひょう》〟と老いを受け入れました

「汚い」「お金がかかる」「役に立たない」。残酷な表現ですが、これがかつての老人の三大要素と一般的に言われてきました。

日本では65歳になると、社会的には「高齢者」というカテゴリーに分類されます。私も5年前、65歳になったときには、「今日から自分も老人のひとり」だということを意識しました。

でもそれは、悲しいことでも否定すべきようなことでもありません。なので、私は飄々とその事実を受け入れました。

それで失ったものなど何もないのですから、卑屈になって抗《あらが》っても意味などないのです。むしろ、楽しいことが増えた感じですね。いろいろなことから解放されつつあるから、自由に過ごせる時間が格段に多くなってきたように思います。

●汚い！　お金がかかる！　役に立たない！　そんな70歳は少なくなった

そして私と同じ団塊世代が70歳を迎える今、老人の三大要素などと言われたイメージは、ずいぶんと変わりつつあるのではないかと思います。

私のように現役で働いている高齢者が年々増えているのですから、家族に「お金がかかる」という負担をかけている人は少なくなっているでしょう。

また、何か仕事をしていれば、まったく「役に立たない」ということもないでしょう。

さらに仕事で人と接していれば、普通は自分の見た目を意識しますから「汚い」などと言われることも減っているはずです。

定年退職する年齢が70歳くらいまで延長されるかもしれないという時代の流れを見れば、高齢者に対する認識が変わるのは当然なのかもしれません。

●老人の新三大要素

でも、最後にはいつか、体が動かなくなって役に立たなくなるときが確実にやってきます。見方を変えれば、三大要素を持った老人になる年齢が高くなっただけとも言えます。

そう考えると、「高齢者」と「老人」という言葉が意味するものは必ずしも一致しなくなってきているのかもしれません。

私自身は、「高齢者」と呼ばれようが「老人」と呼ばれようが、まったく気にはならないのですが、人に対して「汚い」「お金がかかる」「役に立たない」というイメージを与えるような人間にはなりたくありません。

「小綺麗な老人」で、「お金を稼ぐ老人」で、「役に立つ老人」でいたほうが社会のためになるでしょうし、自分でも楽しいと思うのです。

「楽隠居《らくいんきょ》」なんて、言葉はいりません。体の動く限り働いて、ボケることなく、社会の（いや、誰か一人のためでいいから）役に立つ存在になりましょう。

ひとつ屋根の下、バラバラの家族が当たり前

●家の中で別居している時代

今の時代は同じ屋根の下に暮らしていても、家族がそれぞれ個室を持っていてテレビもひとりに1台というのが普通です。

昔は、テレビは一家に1台、お茶の間にあるものでしたから、家族そろって同じ番組を見るのが当たり前でした。

そうした状況がいいか悪いかは別として、ひとつ屋根の下でも家族がバラバラに暮らしているのが今日の現状です。家族がひとつにまとまって生きていく時代ではなくなりました。

よくホームドラマにあるような、ひとつのテーブルにお父さんとお母さんがいて、おじいちゃんとおばあちゃんがいて、子どもたちがいて、というような家庭環境で暮らすのが好きな人もいます。

しかし、共働きする夫婦が増えて、子どもも中学生くらいになれば、お互いに面倒なことや煩わしいことから逃げたくなり、それぞれが自分の空間や時間を大切にしたいと思うようになる気持ちは、とてもよくわかります。

●家族はひとつでなくていい

私は、今や、家族がひとつでいなければいけないというような意識を持つ必要はないと思っています。

家族団欒《だんらん》という言葉は、和《なご》みの象徴のように思われてきましたが、結構お互いに気を遣うものなのです。

例えばおじいちゃんが、自分の作った家だから子どもたちの好き勝手にはさせたくないというような気持ちがあると、子どもたちは我慢しながら「はいはい」と話を聞くしかなくなります。

逆に子どもたちの世話になっている年寄りは、言いたいことも言えない生活が続くかもしれません。

そんな空気の中で生きていても楽しくないです。

●互いに離れて、時々思い合うのが家族

私が長いことやっていたラジオ番組に、早稲田大学の先輩でもある作家の下《しも》重《じゅう》暁子《あきこ》さんに出演してもらったことがあります。

『家族という病』（幻冬舎新書）で下重さんは大きな社会現象を起こしたことは周知の事実だと思いますが、私も家族という呪縛にとらわれる必要はないと考えています。

親は子どもを育てたら、離れていく姿を見届ける――それが、親の役目だと思うのです。

ちゃんと育った子どもほど親がちゃんと離れていきます。「家族という病」を持つ原因は、ひとつは子どもから離れるのが嫌だという親のエゴであり、もうひとつは、自立して働くのが嫌だという子どもの甘えです。

親の元で育ち、親と別れ、離れた場所で時々お互いのことを思うのが家族のあり方だと思うのです。

すべて自己責任！「孤独を楽しむ」老後だってある

●孫だって煩《わずら》わしくなる。ひとりは気楽

年をとると余計に面倒なことや煩わしいことを避けたくなります。

孫は可愛いけれど、泣き始めたり駄々をこねたりし出すと煩わしくなってしまうので、一緒に暮らすよりもたまに会って、楽しいところや可愛いところだけ共有できればそれでいいと思う人が結構います。小さな子どもと接するのは体力を使いますから、疲れてしまう。

だから、ホームドラマに出てくるような家族団欒よりも、ひとりで暮らしたほうが気楽でいいと考えている高齢者は想像以上に多いそうです。

私は、ひとりで過ごす老後は気楽でいいと思います。自分のペースで生きていけるし、気を遣わなくていいからです。

漫画家という仕事は、基本的にはひとりでやる作業でしたから、いつも自分のペースで自分の好きなようにやってきました。

なんでも決めるのは自分。

すべての責任をとるのも自分。

そういう生き方をしてきましたから、孤独な老後を楽しみたいという人の気持ちはよくわかるのです。

●緊急時の対応が整えば、あとはひとりが好きかどうかで判断する

ただ、私の場合は仕事が好きで、やることがたくさんありますから暇を持て

余すということはありませんが、何もすることがない人はあれこれ考え過ぎて、うつになるかもしれません。挙句の果てに、引きこもりになってしまうなんていうこともあり得ます。

一人暮らしの厄介なことのひとつに、緊急時の対応があります。心臓病や脳卒中などで倒れて、誰かを呼ぼうと電話のあるところまで行こうと思うのですが、その前に力尽きてしまうというようなケースです。

ただ、これからは緊急監視システムが普及して、そういうリスクは減っていくと思われます。

部屋の中に監視ロボットがいるとか、朝起きて一度もトイレに行っていないとか、一度もポットのお湯を使ってないとかがわかるようにセンサーを付けるとか、ＡＩのロボットがベッドに行って呼びかけても反応しなかったら、救急車が駆けつけるとか、いろんな監視システムが考えられます。

最近は結婚という形式にとらわれず、お互いがいざというときに救急車を呼べることが大切だという意識で、男女で一緒に暮らす人たちも増えていると聞きます。もちろん、そこに恋愛感情があってもいいと思います。

監視システムなどで緊急時の対応が万全になれば、ひとりが好きかどうかということで判断すればいいわけです。

●自己責任で生きて、自己責任で死ぬ

周りからみて、「あの人は一人暮らしでかわいそうだ」などと思うのは、余計なお世話です。人間は生まれるときも死ぬときもひとり。だから、自己責任で生きて、自己責任で死んでいければいいと僕は思います。

禅の真髄に「本来無一物《ほんらいむいちもつ》」という言葉があります。それは、そもそも人間と

は裸で生まれ、裸で死んでいく、「無」の存在という教えです。

生まれたばかりは、何も持っていなかったのが、大人になるにつれて、名誉やお金を持つようになると「求める心」が強まってしまう。そういった執着心をいっさい捨てて、素《す》の自分で生きる、手ぶらで生きることが、人の心をラクにするという効果もあります。

言いようによっては、「放っておく」ということは決して冷たいことではなくて、その人の生き方を尊重するということでもあるのではないでしょうか。

老後に、大金は必要ない！

●老後の資金は、いくら要《い》る？

あるテレビ番組で試算をしていたのですが、夫婦２人で老後を過ごすために必要な金額を７０００万円と算出していました。

また、老後を20年間と想定して、単純に25万円×12ヵ月×20年で、６０００万円と算出した資料もあります。

６０００万円、７０００万円といえば大金です。現実にそんなお金を持っている人がどれくらいいるでしょうか。

この金額の中には現金だけでなく保険なども含まれますが、そもそもこんな金額が果たして要るのだろうかと思います。

それまでの生活を維持しようとしたらそのくらい必要になるということでしょうが、その金額がなければ老後が見えないということではありません。

●暮らしのレベルは、下がっていくのが当たり前

まず60歳、70歳になったら、暮らしのレベルを下げていくのは必要なことだと思います。でもそれは無理に努力をしなくても、年齢に従って自然に落ちていくものなのです。

子どもたちが家を出て夫婦2人きりになり、体力的な状況からも行動範囲や交際範囲は狭くなっていきます。

食べるものにしても、天ぷらだ、ステーキだ、という脂っこいものはごくたまに食べればよくなってきて、粗食のほうが食べたくなるものです。最近は、一汁一菜が見直されてもいます。

生活レベルというのは、交際範囲や衣食住にかかわることが主ですね。「衣」についていえば、交際範囲が狭まれば高価なブランドものなどを買う必要もなくなります。ユニクロや無印良品のような安価なもので十分です。「住」に関しても夫婦2人の居住空間があればいいわけですから、縮小することだって考えられます。逆に広すぎると、掃除も大変だし、メンテナンスもお金がかかるし、防犯上のリスクも高くなります。持ち家を売ってアパートに住むほうが快適かもしれません。

老後の生活に、それまでの生活と同額のお金が必要かというと、そんなことはないのです。

●手元にあるお金でいかに楽しく暮らせるか

『下流老人』（藤田孝典著　朝日新書）という言葉も最近よく耳にします。現在400万円の年収でも将来、下流老人になるというショッキングな内容で、生活保護基準相当で暮らす高齢者、およびその恐れがある高齢者が、現在すでに約600万人いるといいます。

あなたも間近に迫った「老後崩壊」にどう対処すればいいのか、不安を抱えているかもしれません。

しかし、こういった老後の情報に惑わされて不安を感じる必要はないと思います。こうした言動にあまり振り回されずに、自分の持てるお金で楽しく暮らせる方法を考えればいいのではないでしょうか。

いいじゃないですか、下流で。下流のどこが悪いのでしょうか。

「豊かな老後」とは、どれだけ楽しく生きているか次第

●見た目も考え方も老けるのはなぜ？

定年退職をして悠々自適な生活を送っているはずなのに、見た目も考え方も老け込んでしまう人が結構います。一方で、生活のために現役で働き続けている人には見た目も若くてエネルギッシュな人が多いのです。

「豊かな老後を送るために」などとよく使われる「豊かな老後」とは、「豊かな資金がある老後」ということではないと思うのです。

もちろん生きていくためのお金は必要ですが、必ずしも潤沢《じゅんたく》な資金がなければ豊かな老後を送ることができないかといえば、そんなことはありません。

私は、「豊かな老後」の豊かさを計る尺度は、どれだけ楽しく生きているかということだと思うのです。

生活費がギリギリだからと、節約や倹約のことばかり考えていたのでは、日常生活が窮屈で辛いものになってしまいます。

●1ヵ月1万円の食費ゲーム

そういうときには、節約しなければいけないという現実を受け入れながらも、自分が楽しめる節約を考えてみるのです。例えば、1ヵ月1万円の食費でどう暮らすかという節約レシピならぬ私の「食費ゲーム」を紹介します。

大根1本150円で買ってきて、皮を少し厚めに剥《む》きます。そして、その皮と葉を昆布と鷹の爪を入れて塩漬けにします。これで1週間分の漬物はできます。切った大根も煮物やおろしに使えます。旬の野菜は100円程度で美味しい素材がいくつも並んでいます。もやしなら常に1袋20円くらいで売っています。バナナは3本100円。

私は実際に細かくひと月のシミュレーションをしたのですが、1万円の食費で十分やっていける自信を持ちました。都会のサバイバルゲームです。倹約も楽しいゲームになるのですが、旬の素材をいかに安く仕入れるかという買い物の楽しみ方を覚えると、「今週はちょっと切り詰めたから、日曜日は少し奮発しよう」といった遊び方もできるようになります。さらに料理でも楽しみを追求できるのです。

実際に「1ヵ月1万円でやっています」という編集プロダクションの女性もいました。彼女いわく、「パスタを主食にすると出費を抑えられる」ということでした。

ほかにも、家の庭やマンションのベランダで野菜やハーブなどを作るのも、実益を兼ねたガーデニングの楽しみ方ですね。

●考え方ひとつで、それもまた楽し

「フランス人は山あり、谷あり。起伏のある人生こそ楽しい」という言葉を友人から聞いたことがあります。誰が言ったのかわかりませんが、安定や普通を望む日本人とは真逆の考え方です。

例えば、フランスの大統領に選ばれたエマニュエル・マクロン氏。そのユニークな経歴は、ニュースで報道されていたので、知っている方も多いでしょう。フランス財務省で働いた後、ロスチャイルド傘下の銀行に入行、副社長に昇進しました。そして、経済・産業・デジタル大臣になり、29歳で24歳年上の高校時代のフランス語の女性教師と結婚、39歳でフランス大統領となります。

すべてのフランス人が起伏のある人生を送っているわけではありませんが、「人生は楽しむためにある」という考え方は、豊かな老後を生きるヒントになるかもしれません。

楽しいことも辛いことも、嬉しいことも悲しいことも適度に混ざっているほうが人生は面白いのです。辛いことや悲しいことを考え方ひとつで「それもまた楽し」という気持ちになれる人が、「豊かな老後」を送れるのではないでしょうか？

第2章

好かれる老人、嫌われる老人

社会のお荷物にならない生き方とは？

●老いた自分の存在意義とは？

「老人の存在意義はどこにあるのだろうか」。定年退職で仕事をリタイアして、一日中家にいて時間を持て余してくると、そんな考えが頭に浮かんで次第に滅入っていきます。いくら考えても存在意義が見つからないからです。

昭和以前の社会は、いろいろな場面で老人の知恵や知識が必要とされていました。子どもに昔ながらの遊び方を教えたり、嫁に煮物の作り方を伝えたり、語り部として歴史を伝えたりと、生活の中に存在意義があったのです。

しかし、今やそうした知恵や知識はまったく役に立ちません。竹馬や竹トンボの作り方を教えようとしても、まず材料が簡単には手に入りませんし、子どもたちはサッカーやゲームでもしているほうがよっぽど楽しいのです。プラモデルですら、作る子どもはほとんどいません。以前と比べて、子どもたちにとって格段に楽しいツールが世の中に溢れているからです。

料理にしても欲しいレシピや知恵はインターネットで簡単に入手することができて、何度でも見直すことができますから、わざわざお年寄りに聞いたり、それを書き留める必要などないのです。

●存在理由は、人の役に立つことから見つかる

私は、生涯現役で好きな漫画を描き続けたいと思っています。それが自分のレゾン・デートル（存在理由）なのです。しかし、そうして打ち込む仕事がな

い人は、どうすれば存在意義を見つけられるのでしょうか。

もっとも確実な方法は、人の役に立つことだと思います。教職にあった人は、仕事という概念を捨ててボランティアに参加するといいでしょう。英語が堪能な人は近所の人たちを集めて英語を教えるとか、外国人観光客の案内をすることができるでしょう。医療に携わってきた人は、直接医療にかかわらなくても、高齢者の相談に応えるカウンセリングを行うことができます。

まったくの無償で続けると負担がかかりますから、交通費と弁当代くらいが出る有償ボランティアがいいと思います。自分の預貯金は減らず、体も適度に動かせて、人の役に立つ。いいことだらけではないですか。金銭ではなくポイントが付与されて、地域で電子マネーとして使用できるものもあります。インターネットで自分に合っているボランティア活動を探してみましょう。社会とのつながりが実感できて交流の場が広がると、自分の存在意義が見えてきて、生きがいにつながることと思います。

●ポイントを換金できる「介護支援ボランティア制度」

自分には特別な能力がないという人には、厚生労働省の認可の下に地方自治体が制度化している「介護支援ボランティア制度」がいいでしょう。

２００７年から運用が開始されたこの制度は、原則65歳以上の元気な高齢者が老人ホームや介護関連施設で介護支援活動を行い、活動に応じてポイントが付与されるシステムです。貯まったポイントは換金して介護保険料の支払いに当てたり、介護施設等へ寄付したりできます。

事業内容は、自治体によって異なるようなので、興味があれば、お住まいの市区町村に問い合わせてみるといいでしょう。

いち早くこの制度を導入した東京都稲城《いなぎ》市では、1週間に1時間程度のボランティアで年間に5000円を上限とした給付金が受けられます。この金額はおよそ1ヵ月の介護保険料基準額に相当するので、実質的に自分が支払う介護保険料を軽減できるのです。

稲城市では70歳代の登録者が64パーセントを占めるといいますから、元気な70代が多いということです。体を動かして脳を活性化させることによって介護予防の効果も高いので、今後はますます増えていくことと思われます。

●高齢者が介護ボランティアに参加すればいい

2015年度の調査では、全国で282の市区町村がそれぞれ実状に合わせて導入しています。主なボランティア活動は、本や新聞などの朗読、演芸などの披露、講演や教室の開催、庭や花壇の手入れなど。

無理なく継続させるためにも、自分の好きなことや得意なことから始め、自分のペースで余裕を持って活動を続けることが大切です。

高齢化が進んで若者が少なくなっているのに、若い人材が介護のような仕事についていたのでは国力の低下を招くので、高齢者が介護ボランティアを行う意味は大きいと思います。

いざ自分が介護を受けるときがきたら、行ってきたボランティア活動のポイントをマイレージカードの中に貯めておいて、それを使って好条件で介護を受けられるようなシステムもできてくることでしょう。

好かれる老人になりたければ、稲穂の生き方を学べ

●社長は2パターンに分かれる

「実るほど頭《こうべ》を垂れる稲穂かな」。いつの時代に誰が詠んだのかわからないこの言葉は、稲穂が実れば実るほど頭を垂れることから、学問や徳の高い人ほど謙虚になるものだということわざです。

企業の社長は2パターンに分類できます。

ひとつはカリスマ的で人が恐れおののくような存在感の社長で、こういう人に周りは畏怖《いふ》の念を持って接します。

もうひとつは社員との仲間的な距離感を大事にする社長で、こういうタイプ

は社員からとても好かれる存在になります。社長机なんか置かず、社員の長机に同居して「ここオレのスペースね」などと言って、決して偉そうな態度を見せない社長です。

以前は重役室があって役員は手の届かない場所にいる存在でしたが、今は大広間にいて、社員目線を大事にしているという会社も増えています。

●空気を読める老人は好かれる

年をとったら謙虚に生きましょう。年をとってくると周りは尊敬してくれます。しかし、偉くなればなるほど謙虚になるということが大切です。

大社長が宴会でビールをつぎに来てくれたりしたら、それはもう好感度が上がります。ビールを注がれた社員は、「恐縮でございます！」と感動するでしょう。

偉そうな老人、話が面白くない老人、自慢話が多い老人は嫌われます。自分の話ならまだしも、親戚が東京大学出身だとか偉い官僚だとか、誰もそんな話は聞きたくありません。自分が話していることに周りがどう反応しているか、空気を読むことが大切です。それができないと間違いなく嫌われる老人になるでしょう。

偉そうで空気も読めていないのに面白い老人がいます。誰とは言いませんが、政治家に多いタイプで、失言も多いけど面白いという人です。面白がられる存在というタイプは、それはそれでまたひとつ意味があるかと思えます。

●さからわず、いつもにこにこ　従わず

「さからわず、いつもにこにこ　従わず」、いい言葉ですね。この姿勢を貫き、毎日の生活を愉《たの》しむべきです。そうすれば、少なくとも嫌われずにすみます。同じ長生きをするなら、嫌われて生きるより好かれて生きるほうが、圧倒的に楽しく人生を締めくくることができます。とは言っても、従属的で笑っているのは表向きで、実は自分の芯はしっかり持っているという姿勢が、この「従わず」の５文字にはっきり示されています。いい意味で「したたか」ですね。

この言葉は、産婦人科医の昇幹夫《のぼりみきお》さんの言葉です。これぞ高齢者の生き方と言えるいい言葉だと思います。

昇先生は１９４７年、鹿児島県生まれ。日本笑い学会副会長、元気で長生き研究所の所長でもあります。高校卒業後、30周年の同期会で２００人のうち８

人の死（4人は医師）という事実にショックを受け、過労死寸前の働き方を改めようと、1996年に年間1000名のお産を扱う病院を退職しました。

現在は、大阪市などで産婦人科をしながら、笑いの医学的な効用を研究されています。その信条のひとつが「さからわず、いつもにこにこ　従わず」。不思議と私のこれまでの生き方と重なるところがあります。

昇先生は自称「健康法師」として講演活動を行い、前向きで楽しい「極楽《ごくらく》とんぼ」の生き方が長寿の秘訣と説いているようです。

身体を薬で治すのではなく、笑うことによって、細胞が刺激され元気になることは間違いありません。

稼いだお金は使い切る

●高額のチケットが完売。高齢者の消費に期待大！

ＪＲ東日本が２０１７年５月に運行を開始した豪華寝台列車「トランスイート四季島」は、上野発で北海道まで周遊する３泊４日のコースが１人（２名１室利用）74万円から95万円という超高額料金となっています。しかしながら、すでに翌年の３月分までチケットが完売しているということが話題となりました。最大で34名しか同乗できない客室はすべて２人用スイート、最上級客室には掘りごたつやヒノキ風呂まである豪華な設定は、リタイアした高齢夫婦の注目を集めています。ほかにもクルーズトレインや、豪華クルーズ客船に乗って旅を楽しむ高齢の夫婦が増えています。

私はずいぶん前に、きたるべき高齢社会に対処すべく、高齢者向けの商品やサービスを開拓すべきだと発言しました。近年になって、案の定このような高齢者をターゲットとした商品やサービスが増えています。旅行だけでなく、音楽CD、書籍、自動車、食料品と、あらゆる分野に及んでいます。若い人たちがCDも本も自動車も買わなくなって消費が落ち込む中で、高齢者の消費に期待が集まるのは当然の成り行きでしょう。

●お金は使うために貯める

とくに団塊世代は日本の経済が右肩上がりの時代に青年期～壮年期を過ごしており、働き盛りの30～40代はバブル期にありましたから、そこそこの貯蓄を残している人が多くいます。

クルーズトレインなどで、貴重な体験をしながらゆっくりと豪華な旅を楽しむというのはとてもいいことだと思います。

私は、お金は使うために貯めるものだと思っています。理想は、自分で稼いだお金を最後の１日で使い切って死ぬことです。なかなかそうピタリとうまくいかないでしょうけど、いい時代を楽しませてもらった国に対して、これからは協力する気持ちで消費拡大に貢献しませんか。

●勇気を持ってお金を使いましょう！

ケチな老人は嫌われますが、貯め込んだ貯蓄を使えずにいる人たちがまだまだいます。

その理由は、自分があとどれだけ生きるかわからないからです。いざ自分が病気になって高額医療費が必要になったり、介護される立場になって介護費用が必要になったりしたときのことを考えると、誰でも不安になります。自分のことは自分で守るしかないと、貯金を確保してしまうのです。

お金は、薬以上の効果を発揮し、精神を安定させてくれることがあります。給料日に銀行に振り込まれたお金を見て、ホッとした経験がある人もいるでしょう。しかし、お金はしっかりと使ってこそ、お金としての役目が果たされるのではないでしょうか。お金は使うまでは、ただの紙切れに過ぎないと言った人もいますが、私もそう思います。

そこで、**私はあえて、勇気を持ってお金を使いましょうと言いたいのです。**

スッカラカンになれとは言いませんが、いつ死ぬかわからないからこそ、少し楽観的な気持ちになって「この人生を楽しもう」と考えてみませんか。

だって、5年後には死んでいるかもしれないし、5年どころか、来年、いや来月は死んでいるかもしれないんですよ。

お墓までお金を持っていくことはできません。遺《のこ》した遺産で子ども同士に揉め事が起こる、という話も耳にします。

「児孫《じそん》のために美田《びでん》を買《か》わず」といった西郷隆盛《さいごうたかもり》の言葉は、きっと子孫の骨肉の争いを危惧したためと思います。

肩書への執着を捨てれば、自由になる

●私に肩書はありません

私は漫画家という職業を名刺に書きますが、肩書はありません。この歳になったおかげで、いろいろな団体の役員や審査員長などを依頼され順番だからと思って受けてはいても、それを肩書として名刺に書いたりはしません。

肩書がないおかげで自由に生きていられると思っています。

職業柄「先生」と呼ばれることがあります。でも、相手によってはやんわりとお断りします。その人に何も教えていなければ、先生と呼ばれる理由がないからです。

私は自由に生きていたい人間ですから、肩書など必要ないのですが、世の中には過去の肩書に対する執着を捨てられない老人が多くいます。地位の高かった人ほどその傾向が強いかもしれません。

●肩書に執着すれば違和感が生まれる

会合で元総理や元大臣にお会いすることがありますが、そうすると周囲の人間はわざわざ「総理」「大臣」という肩書をつけて名前を呼びます。今はそうでないのに、現役のときと同じように呼ぶというのは、少し変ですよね。

大企業の社長や会長経験者も同様で、会社を離れているのに「社長」「会長」といった肩書で呼ばれたいと思っている人がいます。

これは日本人の体質なのかもしれませんが、私はなんともいえない違和感を覚えてしまいます。

第二の人生をスタートさせたら、過去の肩書に執着する気持ちは捨てたほうがいいでしょう。

何の意味も持たないばかりか、過去の肩書に執着することで周りからは冷たい視線で見られることを理解するべきです。

●第二の人生の始まりは、小学校1年生と同じ

小学校に入学したら、親が公務員であろうがサラリーマンであろうが、八百屋であろうが医者であろうが、みな同じラインに並んで学校生活が始まったはずです。

第二の人生でもそれは同じことで、元社長であろうがタクシードライバーで

あろうが新たなスタートラインに並んで始まったのです。そこで過去の肩書や自慢話をする人間は嫌われます。

もしも肩書がほしいのであれば、「元」をつける必要のない、第二の人生における肩書を作るべきだと思います。

しかし、老人ホームや介護施設に入るようになったときには、それも邪魔になるだけです。

小学校1年生の教室と同じ状況に自分がいることを自覚しなければいけませんね。

老け込まない秘訣は、適度なストレス

●定年退職後に、精神を病むのはなぜ？

社会のお荷物にならないようにするためには、脳の活性をいかに落とさないようにするかという努力も必要です。脳の働きを低下させない秘訣は、適度なストレスがある環境を維持することです。

定年退職をして、あれだけストレスで悩んでいた仕事から解放されたのに、逆にうつ病を発症してしまう、体調を崩してしまうという人がいます。

厚生労働省はうつ病対策として、２０１５年12月から労働安全衛生法を改正し、従業員50人以上の企業で医師や保健師によるストレスチェックを義務化しました。根性論や残業至高主義が根強く残っている日本の企業も、ようやくメンタルヘルス対策を考えるようになってきたのです。

それほど仕事のストレスが深刻な問題になっているということなのですが、そのストレスから解放されたのに、身体や精神の病気を発症してしまうのは、なぜなのでしょうか。

●悪いストレスと良いストレスがある

ストレスとは、環境の変化などで受けた刺激に対する反応のことです。ですから普通の生活を送っていれば誰でもストレスを感じます。

人間の身体には、環境の変化に対して身体の状態を一定に保とうとする「ホメオスタシス（恒常性）」という機能があって、ストレスに対しても身体が無意識のうちに反応して健康な状態を保とうとします。この機能のおかげで様々なストレスがあっても普通の生活を送ることができるのです。

ところが過剰なストレスが続いたり、過激なストレスを受けると、このホメオスタシスが正常に機能しなくなって身体や精神に異常をきたします。この限界には個人差がありますから、同じストレスを受けていても解消していける人と、溜めてしまう人が存在します。生真面目な人や頑固な人はストレスを溜めやすいと言われています。柔軟な考え方ができる人や楽観的な人は、ストレスを溜めにくいということですね。

ストレスには、心身に異常をきたす原因になるという問題点があると同時に、健康を維持するために欠かせない要素という一面もあります。悪いものばかりではなくて、良いストレスもあるということなのです。

良いストレスとは、困難に対して自分を奮い立たせてくれたり、元気づけてくれたりする適度な緊張感です。

●適度なストレスは、「人と接する」ことで維持できる

ストレスのとても少ない状態が続くと、ストレスに対する抵抗力が落ちて、ホメオスタシスの働きも鈍くなります。この状態で大きなストレスを受けると心身が大きなダメージを受けてしまいます。

会社の仕事から離れてストレスがぐっと減った生活をしていたところに、何らかの過度なストレスが溜まるととても危険な状態になってしまうのです。

男と女には脳の構造に違いがあって、ストレスが溜まった状態になると、女性が周りに告白して周囲の共感を求めることによって解消しようとするのに対し、男性は不満が内向する傾向にあるといいます。頑固オヤジが定年退職をし

たケースは、かなり危ないということです。

適度なストレスを維持するためには、孤立せずに社会の一員として人と接する環境を持ち続けることです。仕事をしながらストレスを溜めない生活が送れればそれに越したことはありません。

私の場合は、「ま、いいか」と口に出して忘れることです。これがストレス解消には一番。そして、あえて自分を高めようとしないことです。「何でもいいよ」と半分あきらめること、深く考えないことが私のストレス解消法です。

忘れちゃいけない、身だしなみ

●男性と女性の脳は違う

脳科学の分野では、よく、人間の脳は「感覚的な右脳」と「論理的な左脳」で思考が成り立っていると言われますが、その右脳と左脳をつないでいる脳《のう》梁《りょう》という神経の束があります。その神経の束は、男よりも女のほうが太いといいます。

そのおかげで、女性は左右の脳の連携が早く、洞察力や記憶力に優れていて、会話をしながら相手の感情をくみ取って共感を得ようとします。だから、おしゃべりがストレスの解消になるわけですね。一方の男性は、左脳だけで会話をするので、理論立てて話を絞ることによって結論を出そうとします。

これは、獲物を素早く仕留めなければいけないというオスの本能が影響していると言われます。目標を1点に絞って全力を尽くせるようになっているのです。ただし、ひとつのことに集中して、思考は内向しがちになるので、周りのことが見えなくなるという欠点があります。

女性の脳にも欠点はあります。複数のことを同時に考えられて勘もするどいですが、扱う情報が多いので混乱しやすく、感情的になりやすいといいます。だから、周りの人と話して共感を得ると安心するわけです。

これはあくまでも一般的な傾向ですから、すべての人が当てはまるわけではありません。しかし、うなずけるところが多い話です。

●人目を気にしなくなったら、一気に老ける

さて、ここで何を言いたいかといえば、身だしなみについてです。相手の感情を読み取る能力に優れた女性は、人間関係を重視するので、いつも周りから「見られている」という意識を持って生活します。だから、着るものやメイクに気を遣うのです。

男性も会社で仕事をしている間は周りの目を意識して、それなりに身だしなみを整えます。仕事の成否にも影響するわけですから、大事な日に身につける「勝負スーツ」や「勝負ネクタイ」を持っているサラリーマンは多いのではないでしょうか。

ところが、スーツを脱いだオフの日になると、何を着たらいいのかわからなくてゴルフウェア一辺倒という人がいます。そういうタイプの人が定年退職で

会社を離れると、最初のうちは何を着たらいいのか悩んでいても、そのうちどうでもよくなってしまうのです。

こうなると一気に老け込みます。もともと男性には、自分の価値観にこだわって人間関係を軽視しがちな傾向がありますから、周りの目を気にしなくなると、孤立して内向するのです。こういう老人が好かれるはずはありません。

●ファッションの基本は、清潔感

だったら何を着ればいいのでしょうか。**服装の基本は、やはり清潔感だと思います。TPOさえ気をつければ、流行の安価なファストファッションでもいいと思います。**かえって安価な流行りものを毎年買うというのも、新鮮な気分が味わえるのでいいかもしれません。

自分に似合う服装がわからないという人は、ユニクロでもH＆Mでもショップに行って店員に聞いてみればいいのです。良さそうだなと思うマネキンのディスプレイがあったら、「これ、僕にどうだろう?」と聞いてみると、そういうショップの店員は流行りやファッションの方向性を知っていますから、世間の視点で答えてくれるでしょう。きっと、ほかに似合いそうなものも紹介してくれると思います。

私は何を着たらいいかわからなかったとき、「これ良さそうだな」と思ったマネキンのディスプレイを上から下までセットで買ったことがありました。

こういうディスプレイは、全体のバランスをコーディネイトしてありますから、これも手っとり早い方法だと思います。ただし、大量買いですからお金はかかりますけどね。

●フォーマルな洋服はレンタルしましょう

カジュアルはそれでいいと思いますが、フォーマルもまた悩みの種になるかもしれません。高齢になれば、結婚式や葬儀に着る礼服などは決まったものがあるでしょうが、ホテルで行われるパーティーやドレスコードのあるお店に行く機会があると、さて、何を着ていこうかと考えてしまいます。

そこでお勧めしたいのは、レンタル衣装です。私は、ある式典で必要になったのでモーニングコートは作りましたが、セミフォーマルのタキシードはレンタルを利用しています。ホテルの貸衣装部やレンタル衣装店のタキシードは、タイやベルトなど一通りがセットになって2万円くらいから用意されています。レンタルだからこそその都度流行のものや気に入ったものを選ぶことができます。

クルーズトレインやクルーズ船での旅に出る機会があったら、ぜひ気に入ったタキシードをレンタルして持っていきましょう。荷物は多少増えても、旅の楽しみ方はぐっと広がるはずです。

第3章

これぞ楽な人付き合い

人は人、自分は自分でいい

●話してもわからない人もいる

人間社会は、いろいろな思想や考え方の持ち主が集まって成り立っています。だから、意見の合わない人がいて当たり前で、すべての人とうまくやっていくことは難しいのが現実です。

地球規模で考えても同じことが言えます。

政治外交の分野では、「戦争をせずに話し合いで解決を！」ということが当たり前のように言われてきました。

戦争よりも話し合いのほうがいいに決まっています。しかし、話し合いの通じない人たちもいるわけです。

「話せばわかる」というのは、ただの理想主義であって、現実には話し合いによって解決できないことは山ほどあります。

●軍事力があるから、対等な交渉が出来る

例えば他国から武力で攻め込まれたときに「話せばわかる」などと言っていたら、一方的に攻められて終わってしまうわけですから、力で対抗しなければいけないときもあるでしょう。

誤解を恐れずに言えば、私は戦争が１００パーセント悪だとは思っていません。戦争は絶対避けるべきですが、国民（自国に限りません）や国土を守るために戦う正しい戦争もあるのは事実です。

話し合いですめばそれに越したことはないでしょうが、現実の国際関係を見たら、話し合いをするにしても軍備が必要だということがわかります。

後ろに軍事力があって、初めて対等な交渉が出来るというのが世界の常識なのですから、軍備を持たない国は小規模な島国を除いてほとんどないのです。

●考えが違う人がいる、その事実を認めるだけでいい

身近な人間関係においても、主義主張の違う人に対して「話せばわかる」などと考えるのは理想主義です。

ご近所付き合いにしても、男女関係にしても、一見話し合いで問題が解決したように見えていても、実はくすぶり続けていて、いつか再燃するというケースが多いのです。

ビジネスや政治の場などで、お互いの関係をはっきりさせなければ実害を被る場合は別でしょうが、そうでもなければ老齢になってまで、あえて大勢の人間とわかり合う必要も、ぶつかる必要もないと思います。

「人は人、自分は自分」という考え方は、話題となったアドラー心理学にもあります。

アドラー心理学では「課題の分離」というそうです。

「自分の課題」と「他人の課題」の境界線をはっきりさせ、どこまでが「自分の問題」で、どこからが「他人の問題」なのかを鮮明にすることで「多くのもの」を自分で背負い込まないですむといいます。

周りに気を遣いすぎず、自分が老いを楽しむために、本当はどうありたいのかを、決めていいのではないでしょうか。

自分と考え方の違う人たちがいるという事実を認めてさえいれば、それでい

いのではないでしょうか。
その事実を認めない人がいるから紛争が起きるのです。

お互い楽な冠婚葬祭を

●会費制で、お返しはなし！

結婚式や葬儀は、会費制にしてお返しはいっさいなしというのがいいと思います。これは高齢者に限ったことではありません。

しきたりを律儀に守るという日本人の姿勢が、結婚式や葬儀に悪く出てしまっていると思うので、変えていくべきだと思います。

冠婚葬祭は派手にやりたい人もいるでしょうし、あまりお金を使いたくないという人もいるでしょうが、会費制で参列者にお返ししないというやり方が、お互いに余計な負担をしなくてすむので一番いいと思います。

私の母親などは、初七日、四十九日、一周忌と、どこからいくらもらったかを全部記録し、それに応じた金額を返す、という主義の持ち主です。ギブ&テイク、昔の人はみなそうしていたのです。

●悪しき習慣はなくなってほしい

しかしそれが、もらう金額によって人の上下関係を作るという悪しき習慣の原因になってしまっています。こういう習慣をすぐになくすのは難しいと思いますので、徐々になくなっていってほしいです。

私と同年代の人が結婚式を挙げるというケースは少ないでしょうし、自分の葬儀が行われるときには、すでに自分はいないのですから、積極的に行動を起こすことはなかなか難しいことです。

子どもが結婚式を挙げる場合には、助言してあげればいいと思います。

親としては立派な結婚式を挙げさせてやりたいと思う人も多いようですが、今までの形式にとらわれず、温かい気持ちが伝わるセレモニーと、お互いに余計な負担をせずに楽しめるパーティーを勧めたらどうでしょうか。

招待状には、パーティーは会費制で、祝儀は受け取らないことを明記するのです。

●心が伝わることを優先する

身内の葬儀があったら、訃報連絡に供花《きょうか》や香典の辞退を明記して、お返しも用意しないというのがいいでしょう。

もしも故人を偲びたいという人が多いのであれば、会費制でお別れの会を催すのです。
とくに生活レベルを縮小させる高齢者にとっては、香典だって用意するのが大変な場合もあるでしょう。

気も遣わず、要らぬ負担もせずに心が伝わるセレモニーが増えていけばいいと思います。

中元・歳暮を整理する

●お中元・お歳暮に60万円も出費する知人

私の知り合いにお中元とお歳暮だけで１００件ものリストを抱えているという女性がいました。

長男の嫁になったので、義母のリストを受け継いだということでしたが、１００件といえば、１件３０００円でも30万円、年２回で60万円もの出費になります。

生活レベルを縮小していく中で、こうした贈答品の習慣は大きな負担になってしまいます。

会社をリタイアした後は交友関係も絞られてくるはずですが、ほとんど付き合いがなくなったのに、お中元やお歳暮だけをやり取りしている相手はいませんか？

そのとき本当に世話になった相手や、気の合う何人かの仲間に感謝の気持ちを贈るのはいいと思いますが、いつまでも惰性で贈答を続けるのはやめるべきだと思います。

●「もうやめませんか？」と提案しましょう

ところが、長年お中元やお歳暮を交わしてきた関係をやめるのは、なかなか難しいものです。

一度贈るのをやめても、先方から贈られてくるものだから返さなければいけなくなって、そうすると次の年もまた贈られるという負の連鎖になってしまいます。

このところ、何年もお付き合いがなくなったので「もうやめませんか?」と言って贈り合いをやめた知人が何人かいます。

これは、なかなか言いづらいことですし、突然「やめましょう」と言われた相手は、「絶交された」というきついニュアンスで受け取るかもしれません。

そういう場合は、一度会う約束をしてお茶でもお酒でも飲みながら、「もうお互いに負担を減らして、盆暮れのやり取りはやめましょうよ」とやんわりと話せばいいと思います。

●親しい相手だけに気軽な挨拶をすればいい

私は、もう20年も前から年賀状を送っていません。

漫画家には「年末進行」というものがあって、正月休みのために締め切りが前倒しになって、年末が1年で一番忙しい時期になります。なので、年賀状を書いている暇がないという事情もありますが、印刷された年賀状を惰性でやり取りすることに無駄を感じたからです。

最近では、企業間、職場間でも虚礼廃止という会社が増えているそうです。虚礼とは、「うわべだけで誠意を伴わない礼儀」のことです。

仕事始めに顔を合わせる相手に、惰性でハガキをやり取りすることはやめて、親しい相手とだけEメールやSNSといった手軽なコミュニケーションツールで言葉を交わす、新年の挨拶はそれでいいと思っています。

あえて親友を作る必要はない

●第二の人生を歩めば、友達も離れていく

親友というのは、一生付き合っていける人、肉親よりもいろいろと相談できる相手、ということになりますが、長い目で人生を見ると、そういう人間はなかなかいるものではありません。

いったん友達になったら、死ぬまでその関係を続けなければいけないというものではありません。お互いの生き方や環境が変わってくれば、話が合わなくなることも多々あります。

第二の人生を歩み始めたら、会社にいた頃の親友とはどうしたって疎遠にな

ります。多少寂しいような気持ちになるかもしれませんが、たまに連絡をとって「美味い酒でも飲もうか」というくらいのクールな関係がいいのではないでしょうか。

●これからは適度な距離のある人間関係を楽しむ

人生は出会いと別れを繰り返すものですから、自然に関係が希薄になっていったのなら、無理して親友でいようとする必要はないと思います。相手を慮《おもんぱか》ってお互いに自由を束縛し合わないような関係でいることがいいですね。

それまでの会社中心の人間関係から、新たな環境や地域に根差した人間関係へと変わっていくときには、適度な距離を保って一緒に行動できるような人た

ちと交流すること、言わば社会との接点を持つことが必要です。

ごく親しい間柄の友人がいなければいけないということはありません。逆に、向こうから一方的に親友と思われるのも辛いものです。

●親友は作ろうと思ってもできない

1968年に『おかしな二人』という喜劇映画で共演したジャック・レモンとウォルター・マッソーは、名コンビとして何本もの映画に共演しました。晩年には、お互いにいがみ合って喧嘩しながらも、仲良くやっていく老人同士を見事に演じていました。

「お前とは絶交だ！」というような大喧嘩しても、翌日にはどちらともなく「釣りに行こうか？」と言い出してケロッと仲直りするのです。

ああいう関係を親友というのでしょうけど、それは作りたいと思ってできるものではありませんし、誰もが出会えるものでもありません。

やはり親友というものは、作ろうと思って作るものではないと思うのです。いてもいいし、いなくてもいい。それぐらいの距離感がもしかしたら親友なのかもしれませんね。

最後に信じられるのは、自分だけ

●「永遠の愛」や「変わらぬ友情」は錯覚

夫婦という関係は他人ですから、親友の最たるものという見方もできます。

しかし、アメリカでは2組に1組は離婚すると言われ、日本でも3組に1組は離婚しています。

別れるまでにはいかなくても、子どものために我慢をして一緒に暮らしているという夫婦はたくさんいるでしょう。

親友という言葉は美しい言葉ですけど、親友と思っていた相手に裏切られることもありますし、意見が合わなくなって喧嘩することだってあります。

「無常」とは仏教用語で、この世に常なるものはないという意味です。この世のすべてのものは日々刻々と変わっていて、人間だって例外ではありません。

「永遠の愛」であるとか、「変わらぬ友情」などというものは、人間の錯覚にすぎません。

この真理を忘れないようにしたほうがいいでしょう。

●どんなに信頼しても、トラブルは起こります

第二の人生や脱サラで起業するという人がいますが、共同経営はやめておいたほうが賢明です。

意気投合しながらそのときは盛り上がって事業を始めても、そのうちに意見や方向性が合わなくなって結局はうまくいかないというケースが多いのです。

起業するなら経営権はひとりで持つべきです。

芸能関係者によくあるのが、出資して飲食店のオーナーになり、誰かに経営を任せてしまうケースです。

従業員にお金を持ち逃げされたり、いつの間にか店が人手に渡っていたりして失敗することがあります。

よほどの信頼関係があっても、「俺が金を出すからみんな協力してくれ」という経営は難しいのです。

もし、自分が店のオーナーになるのだったら、現場に行って指揮をとらないと店もなかなかうまくいきません。それが息子や娘、妻や兄弟といった関係でも、もめるケースがあります。

ましてや、他人ならトラブルは必ず生じて、裁判にまで発展することもめずらしくありません。

●この世に変わらぬものはない

残念な言い方になりますが、最終的に信用できるのは自分ひとりだと思っておいたほうがいいでしょう。

寂しいけれど、これが現実です。

場合によっては自分も信用できないということが起こります。

若いときの日記などに自分はこういう人間だと書いているのに、今はまったく違う人間になっているということは、ある意味、自分のすべてを信用しないほうがいいということになります。ニーチェの虚無《きょむ》主義に共通するものがありますね。

諸行無常《しょぎょうむじょう》。

この世に変わらぬものはないのです。

女友達は貴重な存在とみる

●ちょっとした緊張感。男女の友情はこれがいい！

若い頃は、男女間の友情というものはないと思っていましたが、年をとった今はそれもあるのではないかと感じています。

男の付き合いも面白いけど、女性との付き合いも、これまた面白いのです。男同士で付き合うのと、異性と付き合うのとでは、頭の中で違う回路が働くようです。

性的な関係を抜きにして、若干の緊張感を持つ魅力的な女性がいます。そのちょっとしたドキドキ感がいいのです。

そういう緊張感をまったく持たない女性の友人もたくさんいますが、やはり、女性といると男同士では生まれない遠慮なんかが出てきて、それはそれでいいものです。

生物学的に言えば、オスとメスですから、根本的には引き合う関係なんでしょうね。

●異性との付き合いは、生きる張り合いになる

私は『黄昏流星群《たそがれりゅうせいぐん》』で中高年の恋愛をいくつも描いてきましたが、その背景には未婚の中高年者が増えていることも要因としてありました。

50歳まで一度も結婚をしたことがない人の割合を示す生涯未婚率（２０１５年の国勢調査結果）は、男性が23・37パーセント、女性が14・06パーセントで

す。

　男性の4人に1人、女性のおよそ7人に1人は生涯未婚で過ごすということがわかります。

　そうした未婚者や離婚経験者の高齢者には、もはや面倒な結婚という形態にこだわらず、「恋愛がしたい」「異性の友達が欲しい」と切望している人が多くいます。

　異性との付き合いは、性的なことがなくても人生に潤いを与えてくれるからでしょう。ちょっとした緊張感や潤いが、生きる張り合いになるのです。

　中年までは性的な意識を排除するのは難しいかもしれませんが、高齢になるとそれができるようになります。

　元の仕事の仲間でもいいし、高校時代の同窓生でもいい、それこそ元配偶者でもいいのですから、機会があったら異性の友人を持つことをお勧めします。

同性の友人とは違った楽しさがあります。それから恋に発展することもありますよね。

●価値観が違っても共有できればいい

でも、女友達も頑張って作るようなものではなく、なんとなくノリが合って仲良くなったという距離感がいいと思います。

偶然の出会いを大切にするということもありますが、友達を作ろうと思ったら、第2章で書いたように人から好かれる存在になって楽しく生きることが大切になるでしょう。

これは同性の友人にも言えることですが、価値観がまったく同じ人間はいません。

ですから、もしも価値観がまったく同じ人間を探しているのであれば一生出会えない可能性が高いです。逆に、すべてが同じだったら気持ち悪いでしょう。

たとえ価値観が違っていても、好きな音楽が違っていても、何か共有できるところがあれば、その人とは付き合うことができます。

とくに異性に対しては、自分の価値観や考えを話すことはあったとしても、わかり合いたいとか、多くを共有したいなどと思わないほうがいいでしょう。

もし、相手にそんなことを伝えてしまったら、暑苦しいオヤジだと思われて、敬遠されるだけです。人は人、自分は自分なのです。

第4章

身軽になって自立する

夫婦は2つの人生のパラレルライン

●理想の夫婦像。しかし、交われば離れていく

私は、これまで「夫婦は長い年月を支え合って生きてきた戦友のようなものだ」と随所で語ってきました。

そして「一心同体」のような錯覚をすると、熟年離婚が待っているなどと少々怖い話もしてきました（笑）。

たくさんの夫婦を見てきた今、あらためて思うのは、やはり夫婦というものはどこまでいっても2本の平行線（パラレル）のような関係にあるのが、理想的なのではないかということです。

２本の線はいったん交われば、あとは離れていく一方です。同じ距離感を保ってお互いの領域に踏み込まないことが、夫婦関係を長く続ける秘訣だと思います。

●第二の人生では、夫婦は同じ方向を見ていない

子育てや家を建てるといった、人生の大きな目標に向かって力を合わせてきた男女が、夫の定年退職によって大きな曲がり角を迎えます。子どもも独立してマイホームのローンも終わり、悠々自適とは言わないまでも、あとは人生を楽しみたいと思うのは２人に共通した展望です。

しかし、男性が錯覚しがちなのは、このときに夫婦２人が同じ方向を向いて同じ人生の楽しみ方を思い描いているかどうかということです。中には夫唱《ふしょう》

婦随《ふずい》と言われるように妻が夫の言うことに従うことで仲良く暮らす夫婦もいるでしょうが、私が会ってきたほとんどの夫婦は、2人が違う自由や楽しさを展望しています。

なぜかと言えば、同じ目標に向かって生きた数十年間は、2つの別の人間の人生が同時進行していたからなのです。熟年離婚で妻に捨てられる男性は、ここに気がついていません。子育てや夫の出世のためにどれだけ妻が我慢してきたかということがわからずに、「これからは一緒に人生を楽しもう」などと言うのですから、女性からしてみれば、「いいかげんにしてよ」となるわけです。

自分も仕事を頑張ってきたでしょうが、その間、妻はずっと我慢していたのだということを理解したほうがいいでしょう。だから、「これからはお互いに自分の人生を楽しもう」と言えばいい。そのお互いの人生の中で、一緒に楽しめることがあれば楽しめばいいと思います。

●男女の脳の違いがわかれば、妻を理解できる

しかし、現実は一緒に楽しめることが少ないかもしれません。多くの熟年女性が、旅をするのなら夫とではなく仲のいい友達と行きたいと思っているわけです。男女の脳の構造の違いを思い出してください。女性は友人とおしゃべりして情報を共有することが最高のストレス解消になるのです。

女性が１日に発する単語数は、男性の約３倍だといいます。『なぜ妻は、夫のやることなすこと気に食わないのか』（石蔵文信著　幻冬舎新書）の中で、アメリカ、メリーランド大学の研究結果が報告されています。

それによると、男性が１日に発する単語数は平均７０００語。一方、女性は２万語。女性はそれがストレス解消にもつながっているそうで、女性が６０００語以下しか話せないと脳はストレスを感じやすくなるそうです。

自殺を考えている人たちに向けて、死ぬ前に一度電話をしてくださいという「いのちの電話」というものがあります。そこにかかってくる電話の多くは女性からで、男性からの電話はほとんどないというのを、あるセンターの所長さんから聞いたことがあります。こんなところからも、男女の違いがわかりますね。

そういう男女の思考の違いがわかれば、妻の気持ちが理解できるはずです。友人たちとの食事会や旅行は、いくつになっても女性にとって大切な時間です。だから、妻に楽しい時間を過ごしてもらいたいと思っているのなら、気持ちよく送り出してあげるべきなのです。その間、夫も趣味を追求して楽しめば、お互いに無理なくストレスの解消になるわけです。

家庭という社会で自立する

●自立して初めて自分の人生を歩める

私は早稲田大学を卒業して１９７０年に松下電器産業に入社しました。その３年後に退社して漫画家の道を歩んだわけですが、幸いなことに1年後には『風薫る』という作品でデビューすることができました。当時は26歳。このとき、初めて「社会で自立できたかな」と感じました。

男は誰でも、社会で自立することから自分の人生を歩み始めるものです。会社で仕事をしている間は、企業という社会環境の中で自立が必要です。

会社の仕事を離れた後は、住環境がある地域や新たな仕事の環境で自立していかなければいけませんが、もっとも基本となるのが、家庭での自立なのです。

●「オレの家」ではない。家庭は、妻が築き上げた社会である

家庭は社会の最小単位と言われます。

その昔、仕事をしている間は自分が経済的な柱であり、妻が家庭という社会を切り盛りしていて、子どもたちも社会の一員でした。これが多くの家庭の姿だったでしょう。現在は、その社会構造が変わってきました。

子どもたちが家を出ていれば妻と2人きりの社会になります。ここでわかっておかなければいけないのは、男が仕事を離れて家庭に軸足を置くということは、妻が自分の人生の中で築いてきた社会に夫が割り込んでくるということなのです。

これを多くの男はわかっていません。夫は「オレの家」という意識と、ずっと仕事をして家庭を支えてきたという自負がありますから、わがままが許されて当然のように思ってしまうのです。でも実際には、妻もずっと我慢をしながら家庭を支えてきたのですから、ここでさらに我慢を重ねるようなことになれば、「私の世界から出ていってほしい」と思います。早い話、その状態で「ここはオレの家だ」などと言えば、「だったら私が出ていくからお金をください」と、熟年離婚へと発展するわけです。

●妻は他人で、ただ共同生活しているだけ

家庭内での自立、妻からの自立には、覚悟が必要です。まず妻が他人であることを認めて、共同生活をしているのだという自覚を持たなければいけません。

親でも兄弟でもなく、他人と共同生活をしているのですから、食事を作ってもらったら「ありがとう」と言うのが当然です。共同生活の相手がなんらかの理由で食事を作れないときは、作ってあげるというのが普通の関係です。

食事の用意や掃除などの家事は、共同生活であれば本来は交代でやるのが社会のルールというものです。

だからお互いに得意な分野があったらそれをやって、フィフティフィフティの関係であればいいのです。これが家庭での自立というものではないでしょうか。

●まずは「ありがとう」から始める

自分に何ができるのか考えてみましょう。もし思い当たらなければ、掃除でも洗濯でも今日から始めればいいと思います。私は事あるごとに男が料理をする楽しさや必要性を説いてきましたが、最初は週に1日でもいいので家事を担当する日を作ってみたらいいのではないでしょうか。

「ありがとう」とは「ありがたい」という言葉が元になっています。つまり、「有ることが難しい」ということに感謝するということです。

例えば、還暦や古希の祝いが当たり前と思うのではなく、「祝ってもらえることが嬉しい」という気持ちになれば、「ありがとう」という言葉が普通に出てくるでしょう。

まずは「ありがとう」を口に出して、感謝の気持ちを伝えることから気持ちを切り替えていったらどうでしょう。

親にも子にも依存しない

●子どもが親の面倒を見るのは、当然ではない

自立した生き方というのは、他人に依存しない生き方ということです。妻に依存しないと同時に、親や子どもにも依存しない生活が自立だと思います。親や子どもは他人ではありませんが、親には親の人生があり、子どもには子どもの人生があることに違いはありません。

よくあるのが、「ここまでオレが頑張ってきたんだから、あとはお前たち俺の老後をたのむ」と、子どもに依存するケースです。

家庭によっていろいろと事情はあるでしょうが、私はこういう生き方をした

くありません。

自分が親の面倒を見てきたのだから、自分の子どももそうして当然だろうという発想なのでしょうが、こういう負の連鎖はどこかで断ち切らなければいけないと思います。

●核家族が増えた日本

親も長生きになっていますから、親たちが元気な中高年も増えています。

親との関係でよくあるのは、家のリフォームなどで親に協力してもらう代わりに、親の面倒を見ることを約束するというようなケースです。

親のほうも多少の財産を残すより、子どもに協力してやったほうがありがたがられるし、介護が必要になったときのことを考えると安心感があるということでしょう。

私はこういう親にもなりたくありませんでした。子どもには依存しない、させないという関係を築いてきたつもりです。

私たち団塊世代が子どもの頃は、ひとつの家におじいちゃんとおばあちゃんも一緒に住んでいるのが普通でした。

しかし、自分たちが結婚すると、多くは親と同居するのではなく、独立して家庭を築いたのです。

核家族化という言葉が盛んに使われた時代でした。

なぜそうなったかと言えば、戦後の新しい国づくりの中で、戦前までの封建的な慣習を否定して民主的な世の中を望んだことが大きかったと思います。

●子が犠牲にならないように、介護用の蓄えを用意する

親と別居を選択したといっても、決して親をないがしろにしてきたわけではありませんし、何かあれば介護もするつもりで生きてきたはずです。私と同世代の高齢者は、親の介護はするけど子どもには介護を求めない、という気持ちを持っている人が多いと思います。

老齢になった親の面倒をどう見るか、介護をどうするかという問題は今や大きな社会問題になっています。

難しい問題ではありますが、私は子どもが親の犠牲になることはあってはならないと思います。

親の介護のために何年も無駄にしてしまったり、貯めたお金を使い果たしてしまったりという悲劇は、避けなければいけません。

そのためには、自分が介護される立場となったときに、子どもに負担をかけないような蓄えだけは用意しておいたほうがいいでしょう。

それが、親が子どもにしてあげられる最後のことではないかと思います。

男は孤独に弱い。自立手段を身につけるべし

●妻に先立たれた男の平均寿命は5年

伴侶を亡くしたときに、男のダメージが大きい傾向にあることはよく言われます。

定年退職後に家庭内で自立ができず、何から何まで妻に依存していた夫がひとり残されて、後を追うように亡くなる話はよく聞く話です。

70歳を過ぎて妻に先立たれた男性の平均寿命は5年で、そのうち7割が3年以内に亡くなっているといいます。亡くならないまでも、うつ病になったり、老け込んでしまったりして、社会復帰にとても時間がかかる人が多いのです。

ところが70歳を過ぎて夫を失った妻は、平均寿命まで15年以上生きているケースが多いのです。もちろん夫が亡くなったときには、大きな喪失感からダメージを受けますが、その喪失感がある程度収まると、夫の世話から解放されて人生を謳歌する女性が多いという調査結果があります。「これからは自分の人生を楽しもう」と前向きに考えるのです。

●男が寂しさに弱い理由は、脳の構造にある!?

なぜ、年をとると男は寂しさに弱いのでしょう。

私はやはり、脳の構造の違いに原因があるのではないかと考えています。

ひとつの事を突き詰めて考える傾向の強い男性は、女性よりも頭の切り替えがうまくできない構造になっています。妻を失ったことによる大きな喪失感からなかなか抜け出すことができないのではないでしょうか。

女性のほうは左右の脳を連携させて現実に対処しますから、立ち直りが早いというわけです。

オスが獲物をとるために意識を１点に集中させやすくなっているのに対して、メスのほうは子育てのために防衛本能が強く働くという、本能的なしくみが影響しているのかもしれません。

●男はやっぱり厨房に入るべし

妻に頼りきっていた男が、生きるすべを失って何もできない状態になってしまうと、一番問題になるのが食生活です。食生活の乱れが寿命を縮める大きな原因になってしまうようです。

男は料理や洗濯といった家事が苦手なので、生活の質がガタンと落ちてしまう。埼玉医大国際医療センターでガン患者の遺族をサポートする「遺族外来」の担当医で、精神腫瘍科の大西秀樹《おおにしひでき》先生は、

「女性に比べ、男性は配偶者に対する依存度が高い。高齢の男性は、家事をまったくやったことがない（中略）、〈自分なんてどうなってもいい〉と食事を食べなくなったり、通っていた医者に行かなくなってしまう人もいる。精神的ダメージは、体にも深刻な影響を与えます」

と言っています。（日刊ゲンダイDIGITAL　2013年11月4日）

私が「男子厨房に入るべし」と言ってきたのは、単に料理を楽しむという趣味的な要素だけではなくて、自分の命を維持するという自立手段としての側面があるのです。

もちろん、外食したり、コンビニに行けば弁当は売っていますが、コストが

かかる上に、好きなものばかり食べて、栄養のバランスが悪くなります。

自分で作るということになれば、まずスーパーで食材を選びます。最初は好きなものや簡単に料理できるものを選ぶと思います。

しかし、毎日通っているうちに、少しは違ったものを食べてみよう、ナスやブロッコリーも買ってみようと思うようになるでしょう。

そこで、自分でフライパンを使い、煮物用の鍋も使うようになり、段々と料理を作ることが楽しくなってきます。

そうなると一人で食べるより、誰か気心の知れた友人を呼んだりして、人との交流も盛んになるので、精神的にも立ち直ってくるはずです。

借家は楽。引っ越しは脳の刺激にもなる

●いつまでも一戸建てに住む必要はない

住みやすい理想的な家は、ライフステージによって変わるものです。独身の時代や結婚した頃は通勤に便利なマンションに住んでいて、子どもができてから通勤圏の一戸建てを購入したというスタイルが、一般的なサラリーマンの主流でしょう。

そして時は流れ、子どもたちが独立して空き部屋ができると、夫婦2人が生活するには広すぎるということになります。掃除ひとつとっても大変ですし、細かい手入れも面倒になってきます。

何度も言うようですが、私は夫婦２人に戻ったら、家を売り払ってまた小さなマンションに移るというのも選択肢の一つに入れてほしいと思います。苦労して手に入れた、家族の思い出が詰まった家ですから、思い入れはあるでしょうが、年に数回しか来ない子どもや孫たちのために大きな家を維持する必要があるでしょうか。

●引っ越しは脳の刺激にもなる

年金生活になったら、家を持っていたほうが家賃はかからないから楽だ、と考えるのは間違いです。

大きな家を維持するためには、相当のお金がかかります。

メンテナンス料や固定資産税を考えたら、小さなマンションを購入するか、借家に移るとずいぶん負担が減るはずです。

その点、借家は飽きたり嫌になったりしたら引っ越せばいいのです。

老齢の賃貸契約にはいろいろと問題になることもあるでしょうが、それさえクリアできれば賃貸は気が楽です。

一ヵ所にずっと住んでいるよりも、引っ越して環境を変えたほうが脳の刺激にもなっていいのではないでしょうか。

●引っ越したくない人は、リフォームすればいい

とは言っても、絶対にこの場所を動きたくないという人もいるでしょう。

そういう人は、リフォームをして1階を貸し出せるようなスペースにしてしまうのがいいのではないでしょうか。

1階を貸し出すことで、家賃収入を得ながら自分たちは2階で暮らすことができます。

しかしながら、私は年をとったら気楽に環境を変えて、その変化と新しい人生を楽しんだほうがいいという気がします。

財産を子どもに残さない

●お金があれば子どもは欠落する

前述しましたが、「児孫のために美田を買わず」という言葉は、西郷隆盛が大《おお》久保利通《くぼとしみち》に寄せた詩の『偶成《ぐうせい》』という漢詩の一説として知られていますが、元は「子孫に美田を残さず」という老子の言葉です。財産などを残すと、子どもの自立心を失わせ、相続で家族がもめる原因にもなるということです。

子どもを社会人になるまで育てたら、親の役目は終わりです。そこから先は子どもたちの人生なのですから、立ち入るべきではありません。

子どもたちは社会人として一から学び、自分の人生を築いていくのです。苦労や悲しみも自分で乗り越えていく強さを持たなければいけません。

そこに余計なお金などあれば、どこか欠落した人間になってしまう可能性が高まります。

●まずは、子どもを突き放して子離れを

核家族化が進み、子どもの数が減るという時代の流れの中で、親離れができない子と、子離れができない親が増えてしまいました。家庭の中でどちらも自立できないでいるのです。

以前、ある週刊誌で「ヒロカネ流人生相談」のような連載をしていましたが、もっとも多いのが親子間の悩み相談でした。

子どものほうからの相談は介護に関するものが多かったのですが、親のほう

からは子どもの結婚や仕事を心配する内容が多く、今の中高年には過保護な親、子離れできない親が多いことを実感しました。

まず親がある年齢になったら子どもを突き放して、子離れしてやらなければ、子どもはいつまでたっても親に依存し続けてしまいます。

子どもが独立して夫婦2人きりになったら、「自分で稼いだお金は使い切るから、お前たちには財産を残さない。家も売ってしまってそのお金も残すつもりはないから、あてにするな」と宣言するのもいいでしょう。

●親族内継承も減っている

起業に成功して、自分が社長を務めてきた会社を子どもに託したいと考える人も減ってきています。

今や、国内企業の３分の２にあたる66・１％が後継者不在で、社長が「60歳以上」の企業では半数の50％が、「80歳以上」では34・７％が後継者不在。後継者の不在率も「60歳代」「70歳代」「80歳以上」すべての世代で前回調査を上回ったそうです（帝国データバンク・特別企画：２０１６年後継者問題に関する企業の実態調査より）。

帝国データバンクの調査によると、中小企業は、子どもを後継者にする親族内継承がバブル期には７割近くを占めていましたが、２０１２年には５割を下回りました。２００７年からは第三者継承と事業売却を合わせた数が、親族内継承を上回っているようです。

今後は、新しい風を会社に吹き込んでくれる人の存在が重要になってきます。

飲食店などでも言えることですけど、子どもが後継者になりたいと言ったときには、一度外に出して修業させて様子を見るとか、他の会社で社会人としての経験を十分積んでから検討する必要があるでしょう。

老舗の伝統を守るというような場合はまた違う事情がでてくるかもしれませんが、親族内継承にこだわるとあまりいい結果を生まないことが多いようです。

第5章

死ぬまで元気でP《ピン》P《ピン》K《コロリ》

あなたにとって理想的な死に方とは？

●漫画を描きながら、逝きたい

私は60歳になった頃から、「いかに死んでみせるか」というような、自分の死に方を意識した文章をいくつか書いてきました。

漫画を描くという仕事が好きですから、漫画を描きながら、ペンを持ったまま机に突っ伏して逝きたいと思っています、ということも述べてきました。

しかし実際、自分がどこでどう死ぬかということは誰にもわからないのです。PPKで逝きたいとは思っていても、ある日、脳や心臓の血管が詰まって倒れるかもしれません。

ガンが発症して動けなくなる可能性もあるでしょう。そうなれば介護が必要になります。

●動かなくなってから死に方を考えても、遅い

ＰＰＫで逝ければいいでしょうけど、介護をされ続けるような状態になったら、私は自分が辛くなると思います。

また面倒をかけたとか、またお金を使わせてしまったなどと日々ストレスが溜まっていくと思うのです。これに耐えられない気持ちになる人も少なくないのではないでしょうか。

そういう状況を考えてみると、動けなくなってからでは遅いので、**自分も家族も辛い思いをしないように、死に方を考えておく必要があると思うのです。**

です。

「安らかな死」とでも言うのでしょうか。

自分も辛い思いをしなくてすみ、家族にも余計な負担をかけずにすむ死に方です。

●ＰＰＫが無理なら、さっさと施設に入りたい

どんな死に方を幸せだと思うかということは、人それぞれ違いがあって当然です。私にとっての理想的な死に方とは、第一がＰＰＫ、第二が自分も家族も辛い思いをしなくてすむ死に方だといえます。

この第二志望はなかなか難しいです。植物状態にまでなってしまえば延命治療をしないという判断ができますけど、意識がはっきりしているのに体が動かなくて介護をしてもらわないといけない状態になったら、どうするかということ

とも考えておかなければいけません。

私はそうなったら、さっさと施設に入れてもらいたいと思っています。自宅で死にたいとは思っていても、妻や子どもたちに下の世話など絶対にしてもらいたくないのです。

安楽死がまだ認められていない日本では、そうなったら介護施設で人生を全《まっと》うすることを望みます。

子どもに死に様《ざま》を見せたいから、在宅死を選ぶ

●昔は、死を受け入れる環境があった

2025年には、団塊の世代が75歳以上になります。そのときに、大きな社会問題になってくるのが、病棟不足、病床不足です。

介護保険制度はスタートしていますが、それを利用できるかどうかは、不安視されています。

私が在宅死を望むことは既述しましたが、在宅死を望んでいるもうひとつの理由は、死に様を子どもたちに見せるという、死にゆく人間の役割を見直してもらいたいからです。

今は８割の人が病院で亡くなっているといいますが、日本がそういう状況になったのは比較的最近のことです。少なくとも昭和の前半までは自宅で亡くなる人も多かったのです。

小学校からの帰り道、近所の家からお経が聞こえてくるので窓をのぞいたら、顔に白い布をかぶせた人が横たわっていて、線香の匂いが漂っているというような光景が何回もありました。

その光景を見て、私たち子どもは、「ああ、このうちのおじいちゃんが死んだんだ」とわかるのです。

●「死」を考えることは、「生」を考えること

自分の家でおじいちゃんやおばあちゃんが亡くなると、子どもたちは昨日ま

で動いていた人間が冷たく硬くなることにショックを覚え、やがて「死」というものを受け入れられるようになっていきました。

ところが今は、身近で人が死ぬという体験ができないので、死体を見たことがないという子どもが増えています。

友人の医師は、「今の小学生は死を必要以上に恐れる傾向がある」と言っていましたが、今の小学生は「死」をどうとらえたらいいのかわからないのだと思います。

「死」を考えることは「生」を考えることにつながります。

動物を平気で虐殺できる人間が増えたことなどは、そうした死生観の欠如に原因があるのではないでしょうか。

ですから、**自分の死んでいく様を子どもたちに見せてやることは、我々世代が最後にできる社会貢献ではないかと思うのです。**

抗ガン剤や手術は、本人次第

●ガン大国、日本

日本はガン大国と呼ばれています。

世界の先進国では、ガンの死亡率が年々減少する傾向にありますが、日本は増加を続けています。その理由は、急速に高齢化が進んでいることにあります。

ガンは遺伝子が何らかの理由で増殖異常を起こすことが原因と言われます。長い時間生きていれば、体内のどこかでそうした異常が起こる確率も上がるわけですね。

国立がんセンターの最新データでは、生涯にガンと診断される確率は男性が

63パーセント、女性が47パーセント、ガンで死亡するリスクは男性が25パーセント、女性が16パーセントとなっています。日本人の男性は、半数以上がガンを発症し、4人に1人がガンで死亡する時代なのです。残念ですが、ガンは日本人にとって身近な病気になりました。

●ガンをどう治療するか？

そこで問題となるのが治療法の選択です。インターネットやテレビには、抗ガン剤、外科治療、放射線治療と、様々なガン治療の方法や病院の情報があります。ガン患者は藁《わら》をもつかむ思いで効果がある治療法を探し求めます。最近は抗ガン剤の副作用を嫌い、民間療法を頼る人も増えています。

医師に「手術をしないと死にます」と言われたら多くの人は手術をするでし

ょうし、信頼する医師から「手術はできない場所なので放射線治療でたたきましょう」と言われれば、従う人は多いでしょう。それは治る可能性があると思うからです。

外科手術や抗ガン剤投与をしても死ぬということがわかっていたら、おそらくほとんどの人がやらないでしょう。

「意識がもうろうとした状態で長生きするのだったら、短くてもその間好きなように生きて、痛みがどうしようもなくなったら最後はモルヒネを打ってもらって逝きたい」と考える人も多いのではないかと思います。

●自分の意向を家族に伝えておく

ガン保険にでも入っていればいいですが、そうでなければ高額治療で家族に大きな負担をかける可能性もあります。近い将来死ぬのがわかっているのに、多少の延命のために家族に借金などさせたくないと考える人もいるでしょう。

手術をしないほうが長生きできたのではないか、いや、手術をしなかったらもっと早く死んでいたのではないかと思う人がいますが、それは誰にもわかりません。

これはもう、治癒する確率や再発する可能性などをよく考えて、自分でどうするか決めるしかないでしょう。そしてその意向を家族にしっかり伝えなければいけません。

末期治療になると延命措置の問題が出てくるので、自分でしっかり判断できるうちに家族と話す必要があります。

延命治療の意思は書き残しておく

●延命治療を望まない日本人は90パーセント以上

知り合いが脳出血で倒れて植物状態になり、半年後に亡くなりました。その間の医療費で彼の家族は蓄えていたお金をすべて使い果たしたといいます。

私はこの話を聞いたとき、なんという悲劇だろうかと胸を痛めると同時に、彼は延命治療の意思を家族に伝えておかなかったのだろうかと不思議に思いました。

もしかしたら、彼は延命治療を望まないという意思を伝えてあったのに、家族が踏み切れなかったか、それとも医師の判断がそうならなかったのかもしれません。

NHKの番組で、現代の日本人は90パーセント以上が延命治療を望んでいないというレポートがありました。

しかし、医療の現場で延命措置がとられるケースはそこまで極端に減ってはいないのです。

●リビング・ウィル（尊厳死の宣言）を書く

延命治療とは、回復の見込みがなくて死期が迫っている患者を、人工呼吸器や点滴などで生命維持する医療のことです。

自分がそういう状態になったら、延命治療などしたくないと思う人が多いのですが、倒れて意識がなくなってからでは意思表明できません。

そこで元気なうちに、もしくは病気になっても判断力があるうちに、「どのような延命措置を講じていても、病から回復する可能性がなく、かつ外界に反応せず意識が平坦になった場合には治療をしない」という意味の「リビング・ウィル（尊厳死の宣言）」を書く人が日本でも増えています。

これだけ延命治療や尊厳死の問題が注目されると、日頃から家族に意思を伝えてある人が多いでしょう。

しかし、書面として残しておかないと、いくら家族が延命治療を望まないと言っても、本人の意思とは認めない病院もあります。ですから、自筆でサインをした書面を作っておくのがいいでしょう。

●今の私たちにできること

ガンの末期治療などであれば、本人から意思を伝えることもできるでしょうが、明日、脳梗塞で倒れて意識不明になるかもしれません。

さらに、回復の見込みがなく、リビング・ウィルがあったとしても、日本ではまだ尊厳死が法制化されていないので、最終的には医療現場の判断にゆだねられることになります。

尊厳死や安楽死の問題は、そろそろ本気で取り組まなければいけない時期にきていると思いますが、**今の私たちにできることは、自分の意思だけはしっかり書き残して家族に伝えておくことだと思います。**

家族にまかせるのが弘兼流。葬儀の意思は伝えておく

●自分の葬儀をイメージしてみる

以前は、自分の葬儀をイメージしてみることもありました。こんな音楽をかけたら面白いなとか、あいつに弔辞《ちょうじ》を読んでもらったらどんなことを言うのかなとか、いろいろ考えてみたものです。しかし今は、自分の葬儀なんてどうでもいい、家族の好きなようにすればいいと思うようになりました。**私は、人間は死んだらそこで終わりだと思っています。天国も地獄もない、ただそこで終わりです。来世なんてないと思っているので、死ぬまでの間にいかに楽しむかということしか考えていません。**

死生観や宗教観は人によって違いますから、阿弥陀様《あみださま》にすがりたいと思う人は念仏を唱えて逝けばいいし、キリスト教徒の人は聖書の教えに従えばいいと思います。最近は葬儀はやらず、自分の骨は海に散骨してほしいという人も増えています。

●戒名《かいみょう》に大金を支払う必要はあるのか

これは私の宗教観で言うことですが、戒名みたいなものに大金を支払うのはどうかと思います。鎌倉時代に民衆へと広まった日本の仏教は、お釈迦様の説いた仏教とは別のものと考えたほうがいいくらい、解釈の幅が広がっています。でもそれはいいのです。それくらい仏教は自由な宗教ですから、戦争の原因にならないという点もあります。キリスト教やイスラム教は、こうしなければいけないという教義が強くあるので、それを否定されると戦争にまで発展してしまうのです。

語弊があるかもしれませんが、僧侶が婚姻して親族間継承をするようになり、家業のような葬式仏教に成り下がってしまったことに問題があると思います。

これは、徳川家康が寺社勢力を抑え込むためにお寺に役所のような役割を与えて、国民は必ずどこかのお寺に所属するとした総檀家《だんか》制に端を発しています。これで布教活動をしなくても安泰となった日本の多くのお寺は、堕落してしまいました。

現代もその名残で、人が死ぬと坊さんに戒名をつけてもらい、お経をあげてもらうというスタイルが常識のように思われているのです。

戒名などというものは、お寺を儲けさせるためにあるようなものです。そもそも何の制約も強制力もないですから、それで格付けをするようなことはやめたほうがいいと思います。最近は、芸能人でも「俗名（生前の名前）で通せ」という遺言を残す人が増えました。有名な人ほど高いお金を要求するお寺もありますからね。

●家族が困らないようにしておく

お寺さんを育てたいとか、どうしてもお寺が必要で協力したいという人以外は、戒名にこだわらなくてもいいと思います。信士《しんじ》でも信女《しんにょ》でもいいじゃないですか。

私は死んだ後のことはどうでもいいので、葬儀は家族の好きなようにやればいいと思っていますが、残された家族が困らないように、自分はどう考えているのかという意思だけは伝えておく必要があります。

第6章

弘兼流。これが楽しく生きるコツ

楽しまなければ損。考え方ひとつで人生は楽しくなる

●自分が楽しめる方法を探す

私は自分のことを「究極のプラス思考人間」だと思っています。

子どもの頃からそういう傾向はありましたけど、何をするにしても自分が楽しめる方法を考えて生きてきました。

サラリーマンに向けたビジネス指南書に、「世の中につまらない仕事なんてない。あるのは、仕事を面白くこなすか、つまらなくこなすかだけである」と書いたことがあります。これは、自分が漫画家という仕事をしていたから出た言葉ではありません。

大学時代のアルバイトで建設現場の仕事をしたときも楽しんでいました。足場に付着したセメントをノミでこそげ落とす仕事などは、最初は要領がわからなくて効率が悪いのですが、ノミを当てる角度や強さを変えることによってきれいに早く取れるようになるのです。こういう工夫や発見がとても楽しかったです。

●「究極のプラス思考」の根本原理

松下電器に就職してからは、サラリーマンとしてのいろいろな作法や仕事の仕方を覚えるのが楽しかったです。何よりも面白かったのは社内の人間観察でした。会社には出身地も考え方も違う人間が集まっていますから、楽しみは尽きませんでした。いろいろなタイプの人間を知ることは、漫画を描くことにもプラスになりました。

もちろん料理が好きなのも楽しいからです。大根の皮の剥《む》き方ひとつをとっても、キュウリの切り方ひとつをとっても、そこには遊び心があって見た目や味に違いがでるから面白い。手をかければかけただけの成果が楽しめるし、手をかけずにやるのであれば、それなりの段取りや調理法を工夫する楽しみがあります。

雑用とされているような仕事も工夫しだいで楽しみ方を見いだせます。義務感や、やらされているという受動的な発想ではつまらなくて辛い時間を過ごすだけです。楽しもうとするかしないかで同じ時間が活きるんですね。

「究極のプラス思考」の根本原理は、とても簡単なひとつのことだけなんです。同じ時間を過ごすのなら、楽しまなければ損。

それだけです。

●１秒でも無駄に生きない！

生きていられる時間は限られているのですから、1日、1時間、1分を無駄にしたくないと思いませんか。**些細なことをするにしても、ネガティブな気持ちでやるのと少しでも楽しむのとでは、人生の張りが違ってきます。**高齢になって残された時間が少なくなると、その気持ちはさらに強まりました。

明日、もしも余命3ヵ月という宣言を受けたなら、その3ヵ月をどう楽しく生きるかを考えると思います。人間ですから一瞬はショックを受けるでしょうけど、泣いたり取り乱したりしていたらその時間がもったいない。自分の人生のエンディングを想像しながら、粛々《しゅくしゅく》と好きな漫画を描き続けると思います。

考え方ひとつで人生は本当に変わります。

プラス思考への転換は今からでも決して遅くありません。いや、高齢になった今だからこそ、残された人生を1秒でも無駄にしないで楽しむ工夫をしたほうがいいですよね。

私の高校の恩師が、いよいよ亡くなるという時に、家族に話した言葉があります。私は、その言葉に感銘を受けました。

それは、「これから一生に一度しかない死ぬということを体験できるので、ワクワクしている」という言葉です。好奇心の強かった先生らしい言葉でした。

現実をすべて受け入れて、１秒でも長く楽しむ！

●受け入れれば、辛い時間は短くなる

男は寂しさに弱いということを書きましたが、最愛の人が死んだり、最愛のペットが死んだりすると、その事実をいつまでも受け入れない人がいます。もしかしたらまだどこかで生きているんじゃないかなどと、夢想してしまうんですね。

男の脳は切り替えが苦手ということもありますが、人間だったらそういう一大事でショックを受けている頭を簡単に切り替えることなんて難しい。これはもう、勇気を持って受け入れるしかないのです。

現実を受け入れるというのはとても勇気がいることです。

だけども、辛くても厳しくても現実を受け入れて、それからどうするかを考えなければいけません。

目の前の現実を受け入れなければ次に進めません。

いつかは受け入れなければいけないのですから、そこまでの辛い時間は短いほうがいいのです。

早く受け入れるコツは、やはり「ま、いいか」の言葉を発することです。

●落ち込んでいる暇はない。強い心で生きていく

元気でいる家族が死ぬなどということは誰も予想して生きていません。事件や事故で人が亡くなっても、自分の家族には起こる気がしません。

でも交通事故で、何も悪いことをしていないのに家族が被害者になって亡くなるということは、現代では十分あり得ることです。そのときには、強い心を持たなくてはいけません。

天変地異も同じことです。１０００年に一度、３００年に一度という過去の統計があったとしても、明日起こらないという保証はありません。

２０１１年3月に起こった東日本大震災の悲惨な津波被害や、２０１６年４月に起こった熊本地震による熊本城の崩壊という映像は、いつまでも私たちの脳裏に残っています。

しかし、現地の人々は翌日から復興に向けて立ち上がりました。生きていかなければいけないのですから、落ち込んでいる暇などないのです。立ち止まっていたら、それだけ復興が遅れることになります。

人間というのは、よくできたもので、戦争や大地震などのあまりにも強烈な被害を受けたら、トラウマにはならないそうです。

平和な日々を送っている人間は、目の前で一人の鉄道事故を目撃すると、PTSD（心的外傷後ストレス障害）になったりしますが、例えば戦争で多数の犠牲者を目のあたりにした場合、多くの人間は逆に強くなり、現実を受け入れて次に進んでいくものなのです。

人間というのは、本来は強く生きられる動物なのです。

●今を楽しんだほうがいい

今、述べたように人間は生きるか死ぬかの状況に追い込まれると、現実を受け入れざるを得なくなって生きようとします。

考えてみてください。自分が交通事故にあって明日死なない保証はどこにもないですよね。

今日も生きるか死ぬか、明日も生きるか死ぬか、そう思って生きていたほうが間違いありません。

そう考えると、何があっても生きている今をありがたく受け入れて、１秒でも楽しむ時間を増やしたほうがいいと思うのです。

今さら動じても時間の無駄。ただ粛々《しゅくしゅく》と生きればいい

●流れながら進路を変える

私は、今までの人生で「ここが大事な分岐点」と思えるような局面でも、なりゆきまかせで通過してきたことが多い人間です。

いつか観た映画のなかに、「運命は従うものを潮に乗せ、拒むものを曳《ひ》いてゆく」というセリフがありましたが、私も基本的に流れには逆らわず生きてきました。

何がなんでも原則やポリシーにこだわって流れに逆らって生きるというのは一面立派ではありますが、とても疲れることです。

しかも、こだわりや決めつけは生きる幅を狭くしてしまい、柔軟性のない堅《かた》い人間を作り出します。

柔軟性のある人間は、流れに逆らわず、流れながら進路をうまく変えていきます。そういう生き方が好きです。

●逆らわなければ、動じなくなる

現実をすべて受け入れて、流れに逆らわない生き方をすると、物事に動じなくなります。

最愛の人の死にしても、災害にしても、これが現実だと認識したところから発想が始まるので、動じている時間がもったいないのです。

日常において、人間というものは自己防衛本能が働いて、些細なことでも動じやすくなります。ちょっと物の置いてある位置が変わったり、常識だと思っていることが変わったりしただけで、軽いパニックを起こし一時だけ思考停止状態になることがあります。

しかし、そうしたことも人生経験を重ねて高齢になれば自然と減っていくはずです。

●粛々と生きる

私は最近、「粛々と生きる」という言葉が好きです。

例えば、自分のクルマを停めている駐車場の場所が変わって、今まで近くて楽だったのに、立体駐車場のボタンを押さなくてはならなくなり、とても面倒になったとします。

最初は面倒に思いながらも、粛々と繰り返しているとそのうちに慣れてしまい、何でもないことに思えるようになるのです。

やらなければいけない仕事がたくさんあったら、目の前のものからひとつずつ粛々と何も考えずにやってみます。

年をとると、同時にいくつものことをやろうとしたら大概どれかを忘れます。そうすると動じたり挫折したりすることにもなるので、とりあえずひとつのことに手をつけるのです。

人生ここまで好きにやってきたのですから、今さら動じたり挫折したりしていても時間が無駄になるだけです。

何があろうとどっしり構えて流れに逆らわず、すべてのことを粛々とこなしていきたいと思います。

自分の道を歩むことが幸せ。他人の人生と比較しない

●松下幸之助《まつしたこうのすけ》さんが考える「人間としての成功」

松下幸之助さん（1894〜1989年）の語録に「人は誰でも人生で成功したいという願いを持っていますが、人間としての成功とはいったいどういうことでしょう？」という一節があります。要約すると次のような内容です。

「一般的には高い社会的地位や名誉を得た人や、財産をつくった人が成功者とされます。

たしかにそういったこともひとつの成功の姿でしょうが、昔から十人十色と言われるように、人はそれぞれ違った持ち味、特質を持っています。同じ性格

の人間などこの世の中にいないのです。

人はみな違う天分や使命が与えられているのですから、成功の姿というものも人によって異なります。

自分に与えられた天分を完全に生かしきり、使命を遂行することが人間としての正しい生き方であり、人間としての成功と呼べるのではないでしょうか」。

含蓄のある言葉です。

●身の丈《たけ》にあった生き方をする

私は、『夢は９割叶わない』（ダイヤモンド社）という著書に、自分の身の丈を知って限界を自覚する必要があるということを書きました。

現代の日本人が「身の丈」ということを忘れていると強く感じたからです。

松下幸之助さんの言葉にある「天分」とは、まさに自分の身の丈と限界を知ることを意味していると思います。

身の丈とは、自分の実力です。

人は生まれながらに、すぐれた能力を持っている人と、持っていない人が存在します。

後者の場合は、いくら頑張ってもできない分野があります。そこを自覚しないで、できない分野に挑戦し続けて一度の人生を無駄に過ごす人もいます。

自分のやれる範囲で、やれることを全うする生き方が、その人にとって一番の幸せではないでしょうか。

〝願えば夢は叶う〟という言葉は、一部の成功した人だけが使っている言葉です。

●与えられた天分も人それぞれ

小学校の徒競走で順位をつけないような、没個性の教育にも反対してきました。勉強のできる子もいれば走るのが速い子もいる、絵を描くのが得意な子もいれば歌が上手い子もいるのですから、そういう長所をつぶすような教育をしてしまったら天分などわかるはずもありません。

私と同世代の高齢者にはよくわかる話だと思います。人生を振り返ってみると、自分に与えられた天分というものがありますよね。もちろん私の場合は漫画家だと思っています。

すでに成就《じょうじゅ》したかどうかということは問題ではないと思います。**自分の天分や使命がわかっていれば、その道を死ぬまで歩むことが人間としての成功であり、幸福ということではないでしょうか。**

成功も幸福の尺度もみな違うのですから、他人の人生と比較しても意味がないじゃないですか。

「ま、いいか」と流して、他人のせいにしない

●現実を変えるための２つの方法

我々の世代は学生運動の真っ只中にいましたから、安保闘争や労働運動が身近にありました。ゲバ棒をかついでデモに参加する友人もたくさんいました。でも私は学生運動に参加しませんでした。よく、ノンポリなどと言われたものです。

徒党を組んで何かをするということも嫌でしたし、社会に対して文句ばかり言って、不満を暴力的な形でぶつけることにも嫌悪感がありました。今の学生よりはよっぽど行動力はあると思いますが、不満があるのだったら社会のルー

ルの中で正当に改善する努力をすべきだと思ったのです。

「現実を変えたい」という不満があったら、ルールにのっとってそのための正しい行動を起こすか、文句はいったん腹に収めて現実を変える努力をするか、そのどちらかしかありません。

どちらもせずに、ただ社会のせいだ、政治のせいだと文句ばかりを口にしていても何も変えることはできないのです。

●その場は、ただ流せばいい

とくに高齢者の場合は、不満があっても腹に収めることが大事だと思います。不平不満を聞かされているほうは気分が悪くなります。

結局、マイナス思考は、自分をどんどんマイナス方面へと引っ張っていってしまいます。気にいらないことがあっても、その場は「ま、いいか」と流すのが賢明な老人ですね。

私は今までの人生で失敗したときに、現実を受け入れて次の一手を考えました。人にだまされたとしても、だまされた自分が悪いと考えてきました。

ラッキーなことに好きな漫画の仕事を続けてこられたのは、天分もあるでしょうけど、そうして責任転嫁《てんか》をせずに生きてきたおかげではないかと思えます。

●変わらないこと、違うと思うことでも受け入れる

他人や社会に責任転嫁をせず、すべて自己責任。自分で責任をとるのだから好きなようにやる、不平不満や泣き言を言っていても始まらない、そういう生き方を通してきたので、失敗をしても立ち直りが早かったのだと思います。

私と同年代の人たちは、不平不満を社会や政治にぶつけてきた人でも、今となっては自分の人生を他人のせいにできないことを実感していることと思います。何歳になっても真理は変わりません。

自分が信じてきたことでも、どうも違うのではないかと感じたら、勇気を持って現実を受け入れればいいのです。それに向かって戦い続けるのもひとつの生き方ですが、私はそういう苦しい人生は選びません。

限られた時間を楽しまなければもったいないと思いませんか。

あとがき

私が大学生の頃は、麻雀をやらない学生はほとんどいませんでした。今、麻雀は学生がやるものではなくて、老人のコミュニケーションゲームとなっています。おじいちゃんもおばあちゃんも、「ポン！」「リーチ！」と楽しみながら勝負を繰り広げていますよね。

麻雀はボケ防止にもってこいだと思います。脳は使わなければどんどん劣化していきますから、考えることをやめてしまったら老け込みます。

私は仕事を続けているので脳の活性化になっていますが、仕事をやめてしまった人は、やはり社会との接点を維持して人と会話することが大切でしょう。

老人ホームでは必ずといっていいほど麻雀が行われていますから、麻雀が好きな人は地域の介護支援ボランティア制度に登録して、老人ホームで麻雀の相手をしたり、点数計算をしてあげるという社会貢献もあります。

脳と身体は切り離して考えられるものではありません。骨や筋肉に問題がなくても、五感で受けた刺激がしっかり脳に伝わらなかったり、脳からの指令が筋肉に伝わらなければ、運動障害を起こすことになります。

私の場合は仕事と、たまにやる麻雀やゴルフが脳と身体の機能を維持する手段になっています。そのほかに何か運動習慣をつくっているわけではありませんけど、意識して歩くようにはしています。

歩くのは老化防止にとてもいいです。

高齢者の間でウォーキングの人気が高いのは、簡単に始められてお金もかからず、自分のペースでできるからでしょうが、有酸素運動には脳や身体へのメリットがたくさんあるので、いいことですよね。何もしていなくても身体が生命維持のために行っている心肺機能や血液循環といった働きが強化されるので、生活習慣病の予防にもなります。

専用のウェアやシューズを身につけてやる本格的なウォーキングではなくても、週3回、できれば毎日、ちょっと速歩きで散歩する習慣をつくるだけでもいいんですね。ゴルフもそうですけど、始める前と最後はストレッチで筋肉を伸ばすことが大切です。

私も散歩は好きで、時間があると見知らぬ街を歩いてみたりします。不思議なもので、同じ道でもクルマに乗っているときと歩くときでは、見えるものも感じる空気も違って楽しめるのです。

近所でも、まだ一度も通ったことのない道がありますよね。そこに迷い込むと異空間というか、ちょっとした冒険を体験できて楽しいものです。これはお勧めですよ。

ジムや器具を使う本格的な筋トレではなくて、自宅で器具を使わずにできる「スロートレーニング」という緩めの筋トレも中高年には人気があります。

ウォーキングもストレッチも筋トレも、高齢者の場合は、気持ちいいと感じるレベルがいいと思います。

人生を楽しむために気持ちのよい運動をして、脳と身体の機能を維持すればいいのです。昔から「体が資本」と言われますが、脳と身体が錆びついてしまったらもう先は見えてしまいます。

私は10年前、自由に動けるのは70歳までじゃないかと思っていましたが、70歳になってみたらまだぜんぜん大丈夫でした。仕事もゴルフもこれからもう一幕、二幕ありそうです。

団塊の世代が、これから70代に突入します。〝アラセブ〟なんて言葉がまたはやるかもしれません。さらに10年経てば、80歳〝アラサン（傘寿《さんじゅ》）〟でしょうか？　そこまで生きることができたら、また新しい本を出したいと思います（笑）。

【著者紹介】

弘兼憲史（ひろかね　けんし）

1947年、山口県生まれ。早稲田大学法学部卒業後、松下電器産業（現パナソニック）に入社。73年、漫画家を目指して退職し、74年、『風薫る』で漫画家デビュー。その後『人間交差点』で小学館漫画賞、『課長島耕作』で講談社漫画賞、『黄昏流星群』で文化庁メディア芸術祭マンガ部門優秀賞、日本漫画家協会賞大賞を受賞し、2007年、紫綬褒章を受章。漫画以外の著書も多数あり、主な著書に『夢は９割叶わない』（ダイヤモンド社）、『僕はこう考えて生きてきた』（サンマーク出版）、『ヒロカネ流〜後半生は「人生楽しんだもん勝ち」』（講談社）、『50歳からの「死に方」―残り30年の生き方』（廣済堂出版）、『弘兼憲史流「新老人」のススメ』（徳間書店）、『増補版 弘兼流60歳からの手ぶら人生』（中央公論新社）、『弘兼流 好きなことだけやる人生。』（青春出版社）などがある。

装丁画　弘兼憲史
装丁デザイン　大前浩之（オオマエデザイン）
DTP　田端昌良（ゲラーデ舎）
本文デザイン　尾本卓弥（リベラル社）
編集人　伊藤光恵（リベラル社）
営業　持丸孝（リベラル社）
制作・営業コーディネーター　仲野進（リベラル社）

編集部　鈴木ひろみ・中村彩・安永敏史
営業部　津村卓・澤順二・津田滋春・廣田修・青木ちはる・竹本健志・坂本鈴佳

※本書は2017年に海竜社より発刊した『古希に乾杯！ヨレヨレ人生も、また楽し』を改題し、
再構成し文庫化したものです

弘兼流
70歳からの楽しいヨレヨレ人生

2023年6月24日　初版発行

著　者　弘兼 憲史
発行者　隅田 直樹
発行所　株式会社 リベラル社
〒460-0008　名古屋市中区栄3-7-9　新鏡栄ビル8F
TEL 052-261-9101　FAX 052-261-9134　http://liberalsya.com
発　売　株式会社 星雲社（共同出版社・流通責任出版社）
〒112-0005　東京都文京区水道1-3-30
TEL 03-3868-3275
印刷・製本所　株式会社シナノパブリッシングプレス

ISBN978-4-434-32238-9　C0195

リベラル社の好評既刊

ボケずに大往生

著者：和田 秀樹　四六判／248ページ／¥1,200＋税

ベストセラー精神科医が教える
ボケずに、幸せな老後を過ごせる生き方

人生100年時代ですが、歳をとれば物忘れもするし、認知症の足音も聞こえてきます。ある統計によると、65歳以上の認知症の数は、2025年には700万人（高齢者の5人に1人）に達するそうです。

本書では、ベストセラー精神科医である著者が、著者も実践する、日頃の暮らし方や意識を少し変えるだけで、ボケずに、幸せな老後を過ごせる生き方を教えます。